ENSEIGNEMENT PRIMAIRE SUPÉRIEUR

S. FAYE

Causeries

MORALES

HACHETTE ET Cⁱᴱ

1 fr. 50

ENSEIGNEMENT PRIMAIRE SUPÉRIEUR

S. FAYE

Professeur de Lettres
à l'École Primaire Supérieure J.-B. Say

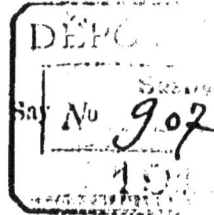

Causeries

MORALES

OUVRAGE RÉDIGÉ CONFORMÉMENT
AUX NOUVEAUX PROGRAMMES
DU 20 JUILLET 1909

Troisième Édition revue

PARIS
LIBRAIRIE HACHETTE ET Cie
79, BOULEVARD SAINT-GERMAIN, 79
1913

PRÉFACE

Les Instructions ministérielles de 1909 émettent cette opinion judicieuse que nous devons, en enseignant la morale, faire œuvre non de professeurs, mais d'éducateurs. Voici notre but : créer dans l'élève des dispositions morales ; façonner des êtres capables de moralité.

L'entreprise est hardie, et nécessite l'étroite collaboration du maître et de l'enfant, une sorte de communion entre eux. L'un fait connaître le bien, le fait aimer, le fait vouloir. L'autre y adhère avec toute son intelligence, tout son cœur, toute sa volonté.

Alors, à quoi bon un cours ? La parole du maître familier et aimé suffit : c'est la voix du cœur qui seule au cœur arrive. La classe de morale ne saurait être qu'une causerie, un échange d'idées, un dialogue.

Mais causer ne suppose-t-il pas un thème ? Il faut que la conversation ne dévie point. Elle devra se développer en ses lignes essentielles dans un cadre convenu.

Ce cadre, nous l'offrons aux maîtres et aux élèves.

A ce squelette de causerie, des lectures empruntées aux penseurs et aux moralistes donneront les muscles, les nerfs et le sang. Il vivra par elles.

Puissent-elles lui infuser, avec la vie, un peu de leur valeur.

S. FAYE.

EXTRAIT DES PROGRAMMES OFFICIELS
ARRÊTÉS LE 20 JUILLET 1909
POUR L'ENSEIGNEMENT PRIMAIRE SUPÉRIEUR

MORALE

Première année (1 heure par semaine).

1° La conscience. L'obligation morale. Pouvoir de l'homme sur lui-même. L'homme, les autres êtres, la nature. Les différents types d'hommes.

2° La société et les devoirs qu'elle impose : la famille, la nation, la patrie.

(Cette deuxième partie, sommaire, s'en tient aux définitions ; le but, c'est que l'élève reconnaisse que " l'individu est peu de chose par lui-même, qu'il est incomplet et dépendant ").

Deuxième année (1 heure par semaine).

La vie humaine et ses devoirs ; l'homme dans la société, dans la famille, dans la nation et la patrie. L'État et ses lois. Les nations entre elles.

Troisième année (1 heure par semaine).

1° Retour sur les principes de la morale et leurs applications essentielles.

2° Exercices tendant à éprouver ou à éclairer la conscience et à former le caractère.

(Même ordre que dans les deux années précédentes en insistant sur les principaux points de doctrine).

Vœu du programme : "Faire des expositions dialoguées".

CAUSERIES MORALES

CHAPITRE PREMIER

POUVOIR DE L'HOMME SUR LUI-MÊME

PREMIÈRE CAUSERIE
POSSIBILITÉ ET NÉCESSITÉ DE L'EFFORT

Définition. — L'effort, c'est la force morale déployée pour vaincre toute résistance intérieure ; c'est la tension de la volonté vers un but que s'est assigné la raison.

Pourquoi nous n'aimons pas à faire effort. — Nous avons des ennemis intérieurs : les petites vanités, le sot orgueil. Un jeune enfant est un monstre d'égoïsme : pour qui ce gâteau, ce jouet ? pour Bébé. Le jeune homme se méprend sur son intérêt véritable, sur son bonheur. Il aime exagérément le plaisir ; les passions le dirigent. Ses ennemis le trouvent faible, veule, lâche ; c'est « une chiffe ».

Nous sentons pourtant que l'effort est nécessaire. — Mécomptes éprouvés par le vaniteux, l'imprévoyant, l'ignorant : classement en composition, échec à un examen ; — boulette de papier qui risque de crever l'œil d'un camarade. Erreurs et défaillances de l'égoïsme, de la passion : flânerie qui anémie, jeu qui surmène. Autant de conséquences fâcheuses, autant d'avertissements. Pourtant nous hésitons encore, car tout effort implique privation, douleur.

Nous avons des moyens de devenir des hommes. — Fuyez ceux qui suivent les mêmes errements que vous ; évitez

les fréquentations pernicieuses. Proposez-vous des modèles
Soyez sans indulgence pour vous-même. Chassez les tentations
mauvaises en vous persuadant que « les raisins sont trop verts ».
Substituez-leur des désirs sains, de bonnes résolutions, et passez
immédiatement aux actes.

Règle de conduite. — S'entraîner progressivement à l'effort
comme à un sport. Dire : je veux être maître de moi, je le suis,
c'est devenir capable de moralité.

DEUXIÈME CAUSERIE

LA CONSCIENCE

Définition. — La conscience est un sentiment immédiat qui
nous fait distinguer le bien du mal. Elle est formée et de sensibilité et de raison.

La conscience est un témoin et un guide. — Deux
partis s'offrent à moi : rendrai-je ce porte-monnaie trouvé dans
la rue ; le garderai-je ? Tel Hercule entre les deux sentiers du
vice et de la vertu. Je délibère. Mais une voix s'élève en moi et
me dit : Rends-le.

La conscience est un juge et un justicier. — Avons-
nous obéi à la conscience ? Nous goûtons une satisfaction : nous
avons grandi en dignité morale. Avons-nous désobéi ? Ou bien
nous nous repentons : nous ne recommencerons plus, nous
réparerons ; ou bien le remords s'empare de nous si notre acte
est irréparable ; nous vivons dans une douloureuse hantise du
mal commis.

Au nom de la conscience, nous apprécions les autres. A celui-
ci vont notre respect, notre estime, notre admiration enthou-
siaste ; celui-là, nous le méprisons, il provoque notre indignation, il encourt notre flétrissure.

La conscience ne se trompe-t-elle pas? — La conscience
hésite souvent entre des alternatives difficiles : choix entre deux
devoirs. Elle dicte des actes coupables : assassinat politique,
vendetta, lynchage. Elle s'abuse après l'acte : je n'ai rien à me
reprocher. Elle est affaiblie : passions, tuberculose, alcoolisme.
Elle est abolie et ne parle ni avant ni après l'acte : criminel
endurci, fou.

Règle de conduite. — Ne pas obéir aveuglément à la
« voix intérieure ». Nous devons éclairer la conscience, l'édu-
quer.

TROISIÈME CAUSERIE

L'ÉDUCATION DE LA CONSCIENCE

Définition. — Eduquer la conscience, c'est s'élever progressivement à la connaissance raisonnée du bien, à sa réalisation.

Nous avons en nous des ennemis. — Quand la conscience, dans une intuition, nous indique la voie à suivre, des obstacles se dressent : notre ignorance, notre plaisir, notre intérêt, nos habitudes, nos passions. Comment en triompher ?

Moyens d'éclairer sa conscience. — Réfléchir. Solliciter d'abord l'avis de nos parents, de nos amis, de nos maîtres. Ensuite, nous interroger, nous examiner, soumettre à notre propre critique les actes que nous avons faits, Franklin en usait ainsi. Soumettre ces mêmes actes à la critique d'autrui. Apprécier avec bienveillance et en toute justice les actions des autres. Poser des problèmes à sa conscience, l'exercer, en évitant les hypothèses irréalisables.

Moyens de fortifier sa conscience. — Créons en nous l'habitude du bien. Aussi, réagissons d'abord contre les entraînements passionnels, l'égoïsme, la faiblesse ; faisons effort, triomphons de nous-mêmes. Puis, tendons vers le but qu'ont atteint les grands hommes en face de cas de conscience difficiles. Essayons, dans la mesure de nos moyens, de leur ressembler. Choisissons des modèles de vertu dans l'histoire de l'humanité.

Règle de conduite. — N'affirmons pas à la légère que notre conscience est satisfaite. Soyons ici « les délicats malheureux » dont parle La Fontaine.

QUATRIÈME CAUSERIE

LIBERTÉ ET RESPONSABILITÉ

Définition. — La liberté est le pouvoir que nous sentons en nous de choisir, par intention précise, entre plusieurs actes, celui que nous voulons accomplir. La responsabilité est la nécessité de rendre compte de cet acte et d'en éprouver les conséquences matérielles et morales.

Le devoir suppose la liberté. — Un des caractères du devoir, c'est d'être toujours possible. Il faut bien que l'homme puisse ce qu'il doit. Il faut donc que l'homme soit libre.

Comment se prouve la liberté. — Nous avons le sentiment de sa réalité : hésitations, délibérations avant l'acte. D'où viendraient sans elle la satisfaction morale et le remords ? Que voudraient dire les mots estime et mépris ? Pourquoi des lois pénales et des juges si celui qui a commis délit ou crime n'était pas libre ? Toute promesse, tout contrat suppose la liberté.

La liberté a des degrés. — Elle varie avec l'âge et la réflexion, avec la force de la volonté ; les habitudes, les passions la paralysent.

De quoi sommes-nous responsables? — De nos actions et de leurs conséquences, de nos intentions ; de nos pensées et de nos paroles ; des actes que nous laissons accomplir, pouvant les empêcher. Nous sommes d'autant plus responsables que nous sommes plus conscients et plus instruits.

Règle de conduite. — Apprenons à nous déterminer librement, et agissons de façon à pouvoir revendiquer toujours hautement notre responsabilité.

CINQUIÈME CAUSERIE

L'OBLIGATION MORALE, LE DEVOIR

Définition. — L'obligation morale, c'est la nécessité pour nous d'obéir à la conscience. Sans condition, sans discussion, elle nous ordonne, d'une manière absolue, d'être des hommes de bien.

Nous pouvons discerner le bien du mal. — Il suffit pour cela d'être un homme de bon sens. Le bien, c'est tout acte qui tend à accroître chez nous et chez les autres les facultés physiques, intellectuelles et morales ; le mal, tout acte qui tend à les affaiblir ou à les détruire. Il est bien de : développer sa vigueur corporelle, secourir son prochain ; — s'instruire, lutter pour la vérité ; — vaincre les passions et les habitudes. Il est mal de : ruiner sa santé par des excès, laisser ou faire souffrir les êtres qui nous entourent ; — rester ignorant, propager l'erreur ; — être veule et lâche. En résumé, réaliser plus d'ordre et plus d'harmonie, plus de satisfaction morale, voilà le bien.

Le bien auquel nous sommes obligés, c'est le devoir. — Le devoir est universel : il s'impose à tous. Il est réalisable : à vaillants cœurs, rien d'impossible. Il est immuable : les devoirs particuliers n'en sont que les divers aspects. Il est autonome : c'est l'effort d'une conscience affranchie de préjugés et de passions,

Règle de conduite. — Agissons en présence du devoir comme en présence d'un fait réel, clairement vu, librement réalisé.

SIXIÈME CAUSERIE

LE MÉRITE ET LE DÉMÉRITE

Définition. — Le mérite est l'accroissement volontaire, le démérite, la diminution volontaire de notre valeur morale.

Ils excluent toute idée de sanction. — L'accomplissement d'un acte moral n'est pas un calcul égoïste. Ne déméritez pas ne veut pas dire : craignez une punition. Soyez méritant ne signifie pas : vous obtiendrez une récompense. Souhaitons que l'homme de bien soit exempt de malheur. Mais seuls les mélodrames, au cinquième acte, punissent le vice et récompensent la vertu.

Le mérite nécessite l'effort vers le bien. — Je vois le bien, je mesure les efforts nécessaires, je les accomplis, je me rapproche de l'idéal moral conçu : je me grandis en dignité, je vaux mieux, j'ai du mérite. D'autant plus méritant que le devoir était plus difficile et que je l'ai accompli avec plus de joie.

L'habitude du bien accroît le mérite. — Tourner constamment son effort vers le bien, s'imposer cette discipline, arriver au bien sans hésitation ni peine, voilà la vertu véritable. Le plus méritant est celui auquel il reste moins d'efforts à faire pour réaliser le bien; le plus vicieux, celui qui s'est par degrés avili et qui fait le mal sans un sursaut de son être.

Règle de conduite. — Que notre idéal soit d'arriver, à force de victoires sur les ennemis intérieurs ou extérieurs, à en rendre inutile tout nouvel assaut et à être naturellement des hommes de bien.

SEPTIÈME CAUSERIE

LA DIGNITÉ PERSONNELLE

Définition. — La dignité personnelle est le respect en soi de la raison, qui est le « propre » de l'homme.

Il y a dignité et dignité. — Ne pas prendre pour la dignité une susceptibilité, un amour-propre inadmissibles, une solennité, une hauteur ridicules : à qui croyez-vous parler? pour qui me prenez-vous ? osez-vous me contredire ? Les dignités ne créent pas davantage la dignité.

La dignité est la source des devoirs et des droits. — L'homme a le devoir de faire tout ce qui ne compromet pas sa dignité, tout ce par quoi il est accru moralement ; il est en droit d'exiger qu'on ne la compromette pas en attentant à son droit. Au reste, l'injure ne l'atteint pas ; elle n'abaisse que celui qui la fait. Respecter la dignité chez les autres, c'est être juste, c'est-à-dire se respecter soi-même en accomplissant un devoir.

Qualités qui composent la dignité. — La *vaillance* : échapper à l'esclavage des passions. La *fierté* : se préserver des petites faiblesses et des imperfections ; ne pas solliciter, ne pas s'abaisser : « celui qui se fait ver peut-il se plaindre d'être écrasé ? (Kant) ». La *modération dans les désirs* : nul souci des honneurs, des richesses ; pas d'ambitions ni d'espoirs démesurés. Le *courage*, la *volonté* : constante bonne humeur, sérénité dans la souffrance et le malheur.

Règle de conduite. — Avoir le sentiment de sa dignité, donc affirmer par son attitude et ses actes sa valeur morale.

HUITIÈME CAUSERIE

L'HOMME ET LA NATURE

Définition. — La nature est l'ensemble des choses et des êtres autres que l'homme, et l'ensemble, soumis à certaines lois, des forces connues ou encore inconnues de la création.

Sentiments que nous éprouvons en face de la nature. — Le spectacle de la nature éveille en nous la curiosité ; il excite notre admiration et non notre respect.

La nature obéit à des lois constantes. — La nature est immuable : la lune tourne en vingt-neuf jours autour de la terre ; l'eau bout à cent degrés ; tous les corps tombent dans le vide avec la même vitesse.

La nature s'ignore. — La vapeur d'eau de l'océan, condensée en nuages, se précipite en pluie, alimentant le fleuve qui revient à l'océan : circulation que la nature ne connaît pas. Cette vapeur d'eau comprimée conduit la locomotive de Paris à Marseille ; la vapeur ignore sa puissance. La machine éclate-t-elle ? Qui songe à le lui reprocher ? Xerxès semble ridicule quand il fait battre de verges la mer déchaînée.

L'homme s'oppose à la nature. — La nature obéit à des lois fatales; l'homme est libre. Ces lois sont constante. ; le devoir de l'homme est de se modifier et de se perfectionner. La nature s'ignore; l'homme se connaît. La nature ne soupçonne pas les lois auxquelles elle est soumise; l'homme les scrute et parfois les surprend.

Règle de conduite. — L'homme doit s'exercer à se connaître lui-même, à agrandir sa liberté et le domaine de sa pensée; bien penser, c'est déjà bien agir.

NEUVIÈME CAUSERIE

L'HOMME ET L'ANIMAL

Définition. — L'animal est tout être animé, organisé, qui possède la faculté de sentir et de se mouvoir.

Les animaux sont souvent merveilleux. — Œil de la mouche fait de mille petits yeux, œil de l'oiseau, odorat du chien. Les fourmis amazones, en ordre de bataille, attaquent une fourmilière et réduisent les plus jeunes fourmis en esclavage. Géométrie des abeilles. Nids des oiseaux.

Ils offrent avec l'homme des points de ressemblance, où percent cependant des différences. — L'animal, a, comme nous, la sensibilité physique, l'appétit, la sensation; mais l'homme les règle, les dirige, les domine. — L'intelligence de l'animal lui permet la perception extérieure; il est capable de mémoire; mais l'homme éduque ses sens, organes de la perception extérieure; sa mémoire n'est pas limitée aux impressions des sens. — L'activité de l'animal, comme la nôtre, est soumise à l'instinct et à l'habitude; mais notre volonté réprime nos instincts; nous supprimons des habitudes pour en contracter de nouvelles.

L'animal n'est pas susceptible de progrès. — Il ne parle pas : sans parole, pas de pensée véritable. Il ne réfléchit pas : pas de connaissance de soi-même, pas de personnalité, pas de perfectibilité. Il ne se possède pas : le chien se jette sur le sucre qu'on lui tend, c'est le sucre qui le possède; donc un instinct exclusif, pas de volonté qui se détermine.

Règle de conduite. — Cultiver en soi les facultés purement humaines, la raison et la volonté. En opposition à la vie corporelle des animaux, vivre de la vie intellectuelle et morale.

LECTURES

Faire œuvre d'homme.

Le matin, lorsque tu sens de la peine à te lever, fais cette réflexion. Je m'éveille pour faire œuvre d'homme ; pourquoi donc éprouver du chagrin de ce que je vais faire les choses pour lesquelles je suis né, pour lesquelles j'ai été envoyé dans le monde ? Suis-je donc né pour rester chaudement couché sous mes couvertures ? — Mais cela fait plus de plaisir. — Tu es donc né pour te donner du plaisir ? Ce n'est donc pas pour agir, pour travailler ? Ne vois-tu pas les plantes, les passereaux, les fourmis, les araignées, remplissant chacun sa fonction, et servant selon leur pouvoir à l'harmonie du monde ? Et après cela tu refuses de faire ta fonction d'homme ! tu ne cours point à ce qui est conforme à ta nature ! — Mais il faut bien prendre du repos. — Je le veux. Pourtant la nature a mis des bornes à ce besoin. Elle en a bien mis au besoin de manger et de boire. Toi, néanmoins, tu passes ces bornes, tu vas au delà de ce qui doit te suffire. Dans l'action, il n'en est plus de même : tu restes en deçà du possible. C'est que tu ne t'aimes pas toi-même, sinon tu aimerais ta nature, et ce qu'elle veut. Oui, ceux qui aiment leurs métiers sèchent sur leurs ouvrages, oubliant le bain et la nourriture ; mais toi, tu fais moins de cas de ta propre nature que le ciseleur n'en fait de son art, le danseur de sa danse, l'avare de son argent, l'ambitieux de sa gloire. Eux, quand ils sont à l'œuvre, ils ont bien moins à cœur le manger ou le dormir que le progrès de ce qui les charme : les actions qui ont l'intérêt public pour but te paraissent-elles plus viles et moins dignes de tes soins ?

MARC AURÈLE, trad. Pierron. (E. Fasquelle, édit.)

Ayons confiance en nous-mêmes.

Nous avons tous de l'orgueil, nous n'avons pas tous une confiance suffisante en nous-mêmes, ou du moins en notre persévérance dans l'effort. Chacun dit : J'en ferais bien autant ; mais il y en a peu qui se hasardent à essayer ; ou alors ils renoncent vite, et l'orgueil se termine en une sorte d'aplatissement intérieur, d'annihilation de soi. Il est essentiel d'avoir foi en soi, en sa propre puissance, et cela indépendamment de tout secours extérieur ; le moindre doute peut nous stériliser et nous dessécher, empêcher le jaillissement de la volonté vive.

J.-M. GUYAU. (Félix Alcan, édit.)

La lutte contre l'habitude.

Toute habitude, tout talent, se forment et se fortifient par les actions qui leur sont analogues : marchez, pour être marcheur ; courez, pour être coureur. Voulez-vous savoir lire ? Lisez. Savoir écrire ? Écrivez. Passez trente jours de suite sans lire, à faire toute autre chose, et vous saurez ce qui en arrivera. Restez couché dix jours, puis levez-vous et essayez de faire une longue route, et vous verrez comme vos jambes seront fortes. Une fois pour toutes, si vous voulez prendre l'habitude d'une chose, faites cette chose ; si vous n'en voulez pas prendre l'habitude, ne la faites pas, et habituez-vous à faire quoi que ce soit plutôt qu'elle. Il en est de même pour l'âme : lorsque vous vous emportez, sachez que ce n'est pas là le seul mal qui vous arrive, mais que vous augmentez en même temps votre disposition à la colère : c'est du bois que vous mettez dans le feu...

C'est certainement ainsi, au dire des philosophes, que se forment jour à jour nos maladies morales. Convoitez une fois de l'argent, et qu'il vous arrive ensuite un raisonnement qui vous fasse sentir votre mal, votre convoitise cesse, et votre partie maîtresse est rétablie dans son premier état ; mais que rien ne vienne la guérir, elle ne redeviendra pas ce qu'elle était ; bien loin de là, qu'une apparition du même genre l'excite une seconde fois, et la convoitise s'allumera en elle bien plus vite que la première. Que ceci se reproduise d'une manière suivie, le calus se forme à jamais, et la cupidité devient en nous une maladie durable. Celui qui a eu la fièvre, et qui a cessé de l'avoir, n'est pas dans le même état qu'avant de l'avoir eue, à moins qu'il n'ait été guéri complètement. La même chose arrive pour les maladies de l'âme. Elles y laissent des traces, des meurtrissures, qu'il faut faire disparaître complètement ; sinon, pour peu qu'on reçoive encore quelque coup à la même place, ce ne sont plus des meurtrissures, ce sont des plaies qui se produisent. Si donc tu ne veux pas être enclin à la colère, n'en entretiens pas en toi l'habitude ; ne lui donne rien pour l'alimenter. Calme ta première fureur, puis compte les jours où tu ne te seras pas emporté. « J'avais l'habitude de m'emporter tous les jours, diras-tu ; maintenant c'est un jour sur deux, puis ce sera un sur trois, et après cela un sur quatre. » Si tu passes ainsi trente jours, tu fais un sacrifice à Dieu. L'habitude, en effet, commence par s'affaiblir, puis elle disparaît entièrement...

... Commence par résister à l'impression trop vive (de l'idée impure), et dis : « Attends-moi un peu, idée ; laisse-moi voir qui tu es et sur quoi tu portes. Laisse-moi te juger ». Puis ne la laisse pas faire de progrès, et retrace à ton imagination tout ce qui la suit ; sinon, elle va t'entraîner partout où elle voudra. Appelle bien plutôt à sa place quelque autre idée honnête et noble, et chasse ainsi l'image impure. Si tu t'habitues à ce genre de lutte, tu verras ce que deviendront tes épaules, tes tendons et tes muscles !...

... Mais, si tu te laisses vaincre une fois, en te disant que tu vaincras demain, et que demain ce soit la même chose, sache que tu en arriveras à être si malade et si faible qu'à l'avenir tu ne t'apercevras même plus de tes fautes, mais que tu seras toujours prêt à trouver des excuses à tes actes.

ÉPICTÈTE, II, 18, trad. Courdaveaux. (Perrin et Cⁱᵉ, édit.)

La conscience est un guide.

LE LIEUTENANT LOUAUT

Je me promenais vers le pont d'Iéna; il faisait un grand vent; la Seine était houleuse.... Je suivais de l'œil un petit batelet, rempli de sable jusqu'au bord, qui voulait passer sous la dernière arche du pont... Tout à coup le batelet chavira, je vis le batelier essayer de nager, mais il s'y prenait mal. « Ce maladroit va se noyer », me dis-je; j'eus quelque idée de me jeter à l'eau; mais j'ai quarante-sept ans et des rhumatismes; il faisait un froid piquant... « Ce serait trop fou à moi, me disais-je; quand je serai cloué dans mon lit avec un rhumatisme aigu, qui songera à moi? »

Je m'éloignai rapidement. Tout à coup, je me dis : « Lieutenant Louaut, tu es un lâche!...— Et les soixante-sept jours que le rhumatisme t'a retenu au lit, l'an passé? dit le parti de la prudence. Que le diable l'emporte! Il faut savoir nager quand on est marinier. » Je marchais fort vite vers l'Ecole militaire. Tout à coup une voix me dit : « Lieutenant Louaut, vous êtes un lâche! » Ce mot me fit tressaillir. Je me suis mis à courir vers la Seine. Je sauvai l'homme sans difficulté...

Qu'est-ce qui m'a fait faire ma belle action?... Ma foi, c'est cette voix qui me dit : « Lieutenant Louaut, vous êtes un lâche! » Ce qui me frappa, c'est que la voix, cette fois, ne me tutoyait pas... Je me serais méprisé moi-même si je ne me fusse pas jeté à l'eau.

STENDHAL. (J. Hetzel, édit.)

La conscience est un juge.

Il n'est pareillement bonté qui ne réjouisse une nature bien née; il y a, certes, je ne sais quelle congratulation de bien faire, qui nous réjouit en nous-mêmes, et une fierté généreuse qui accompagne la bonne conscience : une âme courageusement vicieuse se peut, à l'aventure, garnir de sécurité; mais de cette complaisance et satisfaction, elle ne s'en peut fournir. Ce n'est pas un léger plaisir de se sentir préservé de la contagion d'un siècle si gâté, et de dire en soi : « Qui me verrait jusques dans l'âme, encore ne me trouverait-il coupable, ni de l'affliction et ruine de personne, ni de vengeance ou d'envie, ni d'offense publique des lois, ni de nouveauté et de trouble, ni de faute à ma parole, et quoi que la licence du temps permît et apprît à chacun, si n'ai-je mis la main ni ès biens, ni en la bourse d'homme français, et n'ai vécu que sur la mienne, non plus en guerre qu'en paix, ni ne me suis servi du travail de personne sans loyer. » Ces témoignages de la conscience plaisent; et nous est grand bénéfice que cette éjouissance naturelle et seul paiement qui jamais ne nous manque.

MONTAIGNE.

La conscience est un justicier.

LES HALLUCINATIONS DE MACBETH

[Macbeth, seigneur ambitieux, a assassiné son roi. Il vient de faire tuer Banquo, qui aurait pu dévoiler son crime. Dans un festin, il croit voir le spectre de Banquo assis à sa place.]

LADY MACBETH. — Absurdes chimères! Ce n'est qu'un tableau que crée votre frayeur; c'est le poignard aérien qui, vous le disiez, vous conduisait à Duncan. Oh! ces absences et ces frémissements qui parodient la véritable terreur siéraient bien à une histoire de bonne femme, contée sous l'égide de sa mère grand, au coin d'un feu d'hiver!... C'est une vraie honte! Pourquoi contractez-vous ainsi le visage? En fin de compte, vous ne vous hypnotisez que sur un tabouret.

MACBETH. — Je t'en prie, vois là! Examine! Regarde! (Au spectre.) Oh! que dis-tu? Comment? Que m'importe? Si tu peux incliner la tête, parle donc aussi! Si les charniers et si nos tombeaux doivent rendre à la lumière ceux que nous enterrons, nos sépulcres seront désormais les panses des vautours! (Le spectre disparaît.)

LADY MACBETH. — Quoi! la folie abolit l'homme en toi!

MACBETH. — Aussi vrai que je suis debout ici, je l'ai vu!

LADY MACBETH. — Fi, quelle honte!

MACBETH. — Il y eut du sang versé avant aujourd'hui, dans les temps anciens, avant que les lois humaines eussent rendu les mœurs plus pures et plus douces; oui, et depuis lors aussi, des meurtres ont été commis trop terribles pour qu'on les écoute. Mais les temps ne sont plus où, quand la cervelle avait jailli, l'homme consentait à mourir, où il y avait une fin. Maintenant les victimes ressurgissent, avec vingt plaies mortelles à la tête, et nous chassent de notre siège. Cela est plus étrange que l'est lui-même un pareil meurtre.

. . . . (Le spectre réapparaît.)

Arrière! Quitte ma vue! Que la terre te cache! Tes os n'ont pas de moelle, froid est ton sang; tes yeux n'ont pas de regard, tes yeux auxquels tu fais lancer une flamme.

..... Ce qu'un homme ose, je l'ose. Approche-toi. Viens, pareil à l'ours hérissé de Russie, au rhinocéros puissant, au tigre d'Hyrcanie. Prends toutes les formes, pas celle-ci; et mes nerfs assurés ne trembleront jamais. Ou bien redeviens vivant, lance-moi un défi dans le désert, l'épée au poing; et, si tu me trouves tremblant, affirme hautement que je suis le bambin d'une fille. Hors d'ici, ombre horrible. (Le spectre disparaît.) Irréalité dérisoire! Hors d'ici! Eh bien, voilà, dès qu'il est parti, je redeviens un homme.

SHAKESPEARE. *Macbeth* (acte III, scène IV, *passim*.)

L'examen de conscience.

La journée terminée, Sextius, retiré dans sa chambre pour le repos de la nuit, interrogeait son âme : « De quel défaut t'es-tu guérie aujourd'hui? Quel vice as-tu combattu? En quoi es-tu devenue meilleure? »... Quoi de plus beau que cette habitude de faire l'enquête de toute sa journée? Quel sommeil que celui qui succède à cet examen de conscience! Qu'il est calme, profond et libre, lorsque l'âme a reçu sa portion d'éloge ou de blâme, et que, surveillante d'elle-même, elle a, comme un censeur secret, informé sur sa propre conduite!

J'exerce cette magistrature et me cite chaque jour à mon tribunal; quand la lumière a disparu de ma chambre, je fais à part moi l'inspection de toute ma journée et reviens pour les peser sur mes actes et mes paroles. Je ne me déguise rien, je n'omets rien. Quelle est celle de mes fautes que je craindrais d'envisager, quand je puis dire : « Tâche de ne plus faire cela; pour le présent, je te pardonne. »

SÉNÈQUE. *De la colère*, trad. J. Baillard. (Hachette et Cⁱᵉ, édit.)

Problèmes moraux.

Pour lutter contre le chagrin, je me pose à moi-même des questions politiques ayant trait aux circonstances présentes. Par là mon esprit échappe à la mélancolie, et ses facultés restent tendues sur les difficultés qu'il s'agit de résoudre. Ces questions, les voici : « Doit-on rester dans son pays, lorsqu'il est sous le joug d'un tyran? Tous moyens sont-ils légitimes pour arriver au renversement de la tyrannie, dût même la secousse avoir éventuellement pour effet la ruine de l'Etat? Celui qui renverse un tyran ne rend-il pas suspecte sa propre élévation? Pour secourir la patrie, la voie d'attente et de négociation est-elle préférable à la force ouverte? Un bon citoyen peut-il, quand la patrie est opprimée, se tenir à l'écart et rester inactif? ou lui faut-il, coûte que coûte, tout faire pour la liberté? Peut-on, en vue de l'affranchissement de son pays, y porter la guerre et assiéger même sa patrie? Celui qui, par sentiment, répugne à en appeler aux armes, est-il néanmoins tenu de se ranger du bon côté? Est-on irrévocablement lié à une cause politique par l'amitié ou les bienfaits, quelques fautes qu'on y ait commises? L'homme qui a bien mérité de la patrie, qui pour elle a souffert tous les maux que peut infliger la haine des méchants, n'a-t-il pas payé définitivement sa dette? Ne lui est-il pas donné de faire enfin acception de lui-même et de ceux qui lui sont chers, de quitter l'arène politique, laissant le gouvernement à ceux qui ont le pouvoir? » Voilà sur quels sujets je m'exerce, traitant le pour et le contre tantôt en grec, tantôt en latin. C'est une diversion salutaire à ma tristesse; car ces abstractions-là me sont très applicables.

CICÉRON, *Lettre à Atticus*, trad. Nisard. (Firmin Didot et Cⁱᵉ, édit.)

Le sentiment de la liberté.

L'existence de la liberté n'est qu'une vérité de sentiment, et non pas de discussion; il est facile de s'en convaincre. Car le sentiment de notre liberté consiste dans le sentiment du pouvoir que nous avons de faire une action contraire à celle que nous faisons actuellement; l'idée de la liberté est donc celle d'un pouvoir qui ne s'exerce pas au moment où nous le sentons : cette idée n'est donc qu'une opération de notre esprit, par laquelle nous séparons le pouvoir d'agir d'avec l'action même, en regardant ce pouvoir oisif (quoique réel) comme subsistant pendant que l'action n'existe pas. Ainsi la notion de la liberté ne peut être qu'une vérité de conscience. En un mot la seule preuve dont cette vérité soit susceptible est analogue à celle de l'existence des corps : des êtres réellement libres n'auraient pas un sentiment plus vif de leur liberté que celui que nous avons de la nôtre ; nous devons donc croire que nous sommes libres.   D'ALEMBERT.

Sommes-nous libres ?

Sommes-nous libres ? cela veut dire : les résolutions que nous formons d'agir ou de ne pas agir, dépendent-elles uniquement de nous-mêmes ?

Or, n'est-ce pas une chose évidente que tous les hommes se croient libres ? On me présente deux louis d'or et l'on me dit : « Voici celui que vous choisirez » ; est-ce que je ne me crois pas parfaitement maître de choisir l'autre ? C'est une action fort simple que de lever trois fois la main dans l'espace d'une heure. Si je suis libre, il dépend uniquement de moi de le faire ou de ne pas le faire ; si je ne suis pas libre, cela dépend de quelque cause étrangère à ma volonté. Eh bien ! je propose à quiconque pense que je ne suis pas libre de gager contre moi mille écus, un million, cent millions, que dans l'espace d'une heure je lèverai trois fois la main. Qui acceptera le pari ? Personne. Cela prouve que tout le monde croit au pouvoir qui m'appartient de faire ce geste si cela me plaît. Si nous sommes trois dans une chambre, les deux autres peuvent parier que je partirai du pied droit ou du pied gauche ; mais quel est celui qui fera une telle gageure contre moi-même ? Ce sont là des faits parfaitement simples, à la portée des plus humbles entendements, mais qui ont cependant un mérite : c'est d'établir de la façon la plus irréfutable que la croyance à la liberté humaine est naturelle à tous les esprits...

Tous les actes de ma vie prouvent invinciblement que j'ai foi à ma liberté. Au moment de prendre une résolution, j'hésite, je délibère ; donc je me sens libre.

Quand j'ai agi et que l'œuvre me paraît bonne, je m'admire dans mon œuvre, elle est donc mienne. Si au contraire, elle a des résultats fâcheux, je me trouve amoindri par cet échec, j'éprouve de l'humiliation ou du remords. Je juge avec les mêmes sentiments les actions de mes semblables. Enfants, je les élève avec soin pour leur inspirer plutôt le goût du bien que celui du mal ; hommes, je les conseille, je les exhorte, je les récompense. Je ne fais pas une action, je ne prononce pas une parole qui ne suppose la croyance à ma liberté et à celle d'autrui.
J. SIMON. *Le Devoir*. (Hachette et Cⁱᵉ, édit.)

La liberté morale.

Otez la liberté, toute la vie humaine est renversée ; il n'y a plus aucune trace d'ordre dans la société. Si les hommes ne sont pas libres dans ce qu'ils font de bien et de mal, le bien n'est plus bien et le mal n'est plus mal. Si une nécessité inévitable et invisible nous fait vouloir tout ce que nous voulons, notre volonté n'est pas plus responsable de son vouloir qu'un ress rt de machine n'est responsable du mouvement qui lui est inévitablement et invisiblement imprimé. En ce cas, il est ridicule de s'en prendre à la volonté, qui ne veut qu'autant qu'une autre cause distinguée d'elle la fait vouloir. Il faut remonter tout droit à cette cause, eomme je remonte à la main qui remue un bâton pour me frapper, sans m'arrêter au bâton qui ne frappe qu'autant que cette main le pousse. Encore une fois, ôtez la liberté; vous ne laissez sur la terre ni vice, ni vertu, ni mérite. Les récompenses sont ridicules et les châtiments sont injustes et odieux. Chacun ne fait que ce qu'il doit, puisqu'il agit selon la nécessité. Il ne doit ni éviter ce qui est inévitable, ni vaincre ce qui est invincible. Tout est dans l'ordre, car l'ordre est que tout cède à la nécessité.

FÉNÉLON.

Soyons circonspects pour proclamer la responsabilité d'autrui.

Pourquoi vous qui me jugez, de deux intentions que je puis avoir, m'imputerez-vous celle qui vous plait surtout si celle que vous m'imputez est celle que je désavoue? Pourquoi de deux intentions, l'une bonne, l'autre mauvaise, prétendez-vous que c'est la mauvaise, à l'exclusion de la bonne, que je me suis proposée? Laissez-moi mon secret, disait Isaïe, puisqu'il est à moi, et ne vous exposez pas en voulant y rentrer, à tomber dans des erreurs dont il sera difficile que votre conscience ne soit pas blessée. En un mot souvenez-vous de la belle maxime de saint Bernard, que l'homme en mille rencontres est si peu d'accord avec lui-même et que ce qui se passe dans lui est souvent si contraire à ce qui part de lui, que jamais on ne peut bien juger, ni de ses actions par ses intentions, ni de ses intentions par ses actions.

BOURDALOUE.

Le devoir et le plaisir.

Comme en un champ labouré pour la moisson quelques fleurs naissent par intervalles, bien que ce ne soit pas pour de minces bluets, qui pourtant réjouissent les yeux, qu'on a dépensé tant de travail (l'objet du semeur était autre : la fleur est venue par surcroît); de même le plaisir n'est ni le salaire ni le mobile de la vertu, il en est l'accessoire; ce n'est pas parce qu'elle donne du plaisir qu'on l'aime; c'est parce qu'on l'aime qu'elle donne du plaisir. Le souverain bien est dans le jugement même et la disposition d'un esprit excellent. Tu te méprends donc quand tu demandes pour quel motif j'aspire à la vertu; c'est chercher quelque chose au-dessus du sommet des choses. Ce que je cherche dans la vertu? Elle-même : elle n'a rien de meilleur, elle est à elle-même son salaire. Trouves-tu que ce soit trop peu ? Si je te dis : le souverain bien, c'est une inflexible rigidité de principes,

c'est une prévoyance judicieuse, c'est la sagesse, l'indépendance, l'harmonie, la dignité, exigeras-tu encore un plus haut attribut, pour y
rattacher tous ceux-ci? Que me parles-tu de plaisir? Je cherche le
bonheur de l'homme, non de l'estomac, qui chez le bœuf ou la bête
féroce a plus de capacité.

SÉNÈQUE, trad. Baillard. (Hachette et Cᵉ, édit.)

Le cœur aide la raison à accomplir le devoir.

Il faut l'avouer : la loi du devoir, quoiqu'elle doive être accomplie
pour elle-même, serait un idéal presque inaccessible à la faiblesse
humaine, si à ses austères prescriptions ne s'ajoutait quelque inspira-
tion du cœur. Le sentiment est en quelque sorte une grâce naturelle
qui nous a été donnée, soit pour suppléer à la lumière quelquefois
incertaine de la raison, soit pour secourir la volonté chancelante en
présence d'un devoir obscur ou pénible. Il faut, pour résister à la
violence des passions coupables le secours des passions généreuses,
et quand la loi morale exige le sacrifice de sentiments naturels, des
instincts les plus doux et les plus vifs, il est heureux qu'elle se puisse
appuyer sur d'autres sentiments, sur d'autres instincts qui ont aussi
leur charme et leur force. La vérité éclaire l'esprit; le sentiment
échauffe l'âme et porte à agir. Ce n'est pas la froide raison qui détermine un d'Assas à jeter, sous le fer de l'ennemi, le cri généreux qui
lui donne la mort et sauve l'armée. Gardons-nous donc d'affaiblir
l'autorité du sentiment; honorons et entretenons l'enthousiasme; c'est
le foyer d'où partent les actions grandes et héroïques.

V. COUSIN. *Du vrai, du beau et du bien*. (Perrin et Cᵉ, édit.)

Il n'y a qu'un devoir.

Il faut obéir aux lois de la conscience, quelque préjudiciables
qu'elles soient à nos intérêts ou à ceux des personnes qui nous sont
chères; c'est le principe même de l'inaliénable et inattaquable souveraineté du droit. Examinons bien en nous-mêmes ce que nous dicte
notre conscience : admet-elle que sa loi puisse être transgressée sans
crime? Posons-nous cette question avec calme, avec bonne foi et
sincérité. Répétons-la, s'il le faut. Insistons jusqu'à satiété. Est-il
permis d'être injuste pour préserver quelque grand intérêt? de préférer
quelque grand intérêt personnel, ou quelque grand intérêt de nos
proches aux prescriptions de la justice? Peut-on abandonner la justice
pour obéir à ses amours, sans ressentir une cruelle morsure, qui est
le premier avertissement et le premier supplice? Non, cela ne se peut.
Il n'y a point d'accommodement avec la conscience; il faut lui obéir,
et être juste, ou lui désobéir, et être criminel. Les faux-fuyants, les
moyens termes ne sont que de l'hypocrisie, du vice sans franchise et
sans courage. Il n'est pas même permis d'hésiter quand la conscience
a parlé. Sa souveraineté est aussi jalouse qu'absolue. Souffrir n'est
rien : il n'y a qu'un seul malheur pour l'homme : c'est de faillir. Voilà
le premier verdict de la conscience; en présence de la loi morale, il n'y

a pas de refuge. On ne doit compter ni la douleur, ni la mort, ni même la honte.

Il n'y a pas deux devoirs, ni deux morales, ni deux façons d'interpréter le devoir. Ceux qui font appel aux circonstances, ou à leurs besoins, ou aux besoins de leurs proches, ou aux besoins d'un grand peuple, pour transgresser le devoir, ne connaissent pas le devoir. Ce sont de petites âmes, qui ne se retrouvent pas elles-mêmes quand leur horizon s'éloigne, ou des âmes dépravées, qui ne connaissent pas la sainteté du devoir, et ne lui obéissent, dans les circonstances ordinaires, que par orgueil ou par habitude. Il ne se peut pas que le crime cesse d'être un crime. C'est un crime, une impiété, c'est un sacrilège que de distinguer une grande et une petite morale. Quiconque fait cette distinction est une âme vile.

JULES SIMON, *Le Devoir*. (Hachette et Cⁱᵉ, édit.)

Le mérite trouve en lui-même sa récompense, le démérite sa peine.

Le mérite et le démérite réclament impérieusement, comme une dette légitime, la peine et la récompense ; mais il ne faut pas confondre la récompense avec le mérite, ni la peine avec le démérite ; ce serait confondre la cause et l'effet, le principe et la conséquence. Quand même la récompense ou la peine n'auraient pas lieu, le mérite et le démérite subsisteraient. La peine et la récompense satisfont au mérite et au démérite, mais ne les constituent pas. Supprimez toute récompense et toute peine, vous ne supprimez pas pour cela le mérite et le démérite ; au contraire, supprimez le mérite et le démérite, et il n'y a plus ni vraies peines ni vraies récompenses. Des biens et des honneurs immérités ne sont que des avantages matériels, la récompense est essentiellement morale, et sa valeur est indispensable de sa forme. Une de ces couronnes de chêne que les premiers Romains décernaient à l'héroïsme a plus de prix que toutes les richesses du monde, quand elle est le signe de la reconnaissance et de l'admiration d'un grand peuple.

V. COUSIN. *Du vrai, du beau et du bien*. (Perrin et Cⁱᵉ, édit.)

Respecter en soi la dignité humaine.

N'est-il pas arrivé à tous, même à l'homme d'une honnêteté médiocre, de se refuser à un mensonge, même inoffensif, qui l'aurait tiré d'embarras ou qui aurait rendu service à un ami cher et méritant, simplement pour n'avoir pas à se mépriser lui-même dans son for intérieur ? Un honnête homme, au plus fort de l'adversité, quand il aurait pu s'y soustraire, en s'affranchissant du devoir, ne se sent-il pas soutenu par le sentiment qu'il a d'avoir sauvegardé et respecté en sa personne la dignité humaine, de n'avoir pas sujet de rougir de lui-même, ni de redouter le témoignage de sa conscience ?

KANT. *Critique de la raison pratique*. Trad. de M. Hesse, professeur au lycée de Nancy.

Supériorité de l'homme sur la nature.

L'homme n'est qu'un roseau, le plus faible de la nature, mais c'est un roseau pensant. Il ne faut pas que l'univers entier s'arme pour l'écraser. Une vapeur, une goutte d'eau suffit pour le tuer. Mais quand l'univers l'écraserait, l'homme serait encore plus noble que ce qui le tue, parce qu'il sait qu'il meurt, et l'avantage que l'univers a sur lui, l'univers n'en sait rien.

Toute notre dignité consiste donc en la pensée. C'est de là qu'il faut nous relever, et non de l'espace et de la durée, que nous ne saurions remplir. Travaillons donc à bien penser : voilà le principe de la morale.

Ce n'est point de l'espace que je dois chercher ma dignité, mais c'est du règlement de ma pensée. Je n'aurais pas davantage en possédant des terres. Par l'espace, l'univers me comprend et m'engloutit comme un point ; par la pensée, je le comprends.   PASCAL.

La nature s'ignore.

L'OCÉAN

Il n'y a peut-être rien qui offre à l'œil et à la pensée une représentation plus complète et plus attristante du monde que l'océan. C'est d'abord l'image de la force dans ce qu'elle a de plus farouche et de plus indompté ; c'est un déploiement, un luxe de puissance dont rien autre chose ne peut donner l'idée ; et cela vit, s'agite, se tourmente éternellement sans but. On dirait parfois que la mer est animée, qu'elle palpite et respire, que c'est un cœur immense dont on voit le soulèvement puissant et tumultueux. Mais ce qui en elle désespère, c'est que tout cet effort, toute cette vie ardente est dépensée en pure perte ; ce cœur de la terre bat sans espoir ; de tout ce heurt, de tout ce trépignement des vagues, il sort un peu d'écume égrenée par le vent.

J.-M. GUYAU. (Félix Alcan, édit.)

Les sens chez les animaux et chez l'homme.

Les animaux ont les sens excellents ; cependant ils ne les ont pas généralement tous aussi bons que l'homme, et il faut observer que les degrés d'excellence des sens suivent dans l'animal un autre ordre que dans l'homme. Le sens le plus relatif à la pensée et à la connaissance est le toucher ; l'homme, comme nous l'avons prouvé, a ce sens plus parfait que les animaux. L'odorat est le sens le plus relatif à l'instinct, à l'appétit ; l'animal a ce sens infiniment meilleur que l'homme : aussi l'homme doit plus connaître qu'appéter, et l'animal doit plus appéter que connaître. Dans l'homme le premier des sens par excellence est le toucher, et l'odorat est le dernier ; dans l'animal, l'odorat est le premier des sens, et le toucher est le dernier : cette différence est relative à la nature de l'un et de l'autre. Le sens de la vue ne peut avoir de sûreté et ne peut servir à la connaissance que par le secours du sens du toucher : aussi le sens de la vue est-il plus imparfait, ou plutôt acquiert moins de perfection dans l'animal que dans l'homme. L'oreille, quoique peut-être aussi bien conformée dans l'animal que dans l'homme, lui est cependant moins utile, par le défaut de la parole, qui dans l'homme est une dépendance du sens de l'ouïe, un organe de communication, organe qui rend ce sens actif, au lieu que dans l'animal l'ouïe est un sens presque entièrement passif. L'homme a donc le toucher, l'œil et l'oreille plus parfaits, et l'odorat plus imparfait que l'animal ; et, comme le goût est un odorat intérieur, et qu'il est encore plus relatif à l'appétit qu'aucun des autres sens, on peut croire que l'animal a aussi ce sens plus sûr et peut-être plus exquis que l'homme. On pourrait le prouver par la répugnance invincible que les animaux ont pour certains aliments, et par l'appétit naturel qui les porte à choisir, sans se tromper, ceux qui leur conviennent ; au lieu que l'homme, s'il n'était averti, mangerait le fruit du mancenillier comme la pomme, et la ciguë comme le persil.   BUFFON .

L'instinct d'imitation chez le singe.

De tous les singes, l'orang-outang est celui qui ressemble le plus à l'homme. Il s'apprivoise facilement. On a vu au Jardin des Plantes un de ces animaux s'asseoir à table, déplier sa serviette, s'en essuyer les lèvres, se servir de la cuiller et de la fourchette pour porter à sa bouche, verser lui-même sa boisson dans un verre et le choquer lorsqu'il y était invité. Il allait prendre une tasse et une soucoupe, les apportait sur la table, y mettait du sucre, y versait du thé et le laissait refroidir pour le boire. Il ne faisait de mal à personne, aimait singulièrement les caresses, particulièrement celles des petits enfants, jouait avec eux, cherchait à imiter tout ce que l'on faisait devant lui.

J'allai un jour le visiter avec un illustre vieillard, observateur fin et profond. Le costume un peu singulier de mon compagnon, sa démarche lente et pénible, son corps voûté fixèrent, dès notre arrivée, l'attention du singe. Il se prêta avec complaisance à tout ce qu'on exigea de lui, l'œil toujours attaché sur l'objet de sa curiosité. Nous allions nous retirer, lorsqu'il s'approcha du vieillard, prit avec douceur et malice le bâton qu'il tenait à la main, et, feignant de s'appuyer dessus, courbant son dos, ralentissant son pas, il fit ainsi le tour de la pièce où nous étions, imitant la pose et la marche de mon ami. Il rapporta ensuite le bâton de lui-même et nous le quittâmes, convaincus que lui aussi savait observer.

FLOURENS. *De l'instinct et de l'intelligence des animaux.*
(Garnier frères, édit.)

Les animaux comparés à l'homme sous le rapport du raisonnement.

Les bêtes sont purement empiriques et ne font que de se régler sur les exemples ; car autant qu'on en peut juger, elles n'arrivent jamais à former des propositions nécessaires, au lieu que les hommes sont capables de sciences démonstratives ; en quoi la faculté qu'ont les bêtes de faire des consécutions est quelque chose d'inférieur à la raison qui est dans les hommes. Les consécutions des bêtes sont purement comme celles des simples empiriques, qui prétendent que ce qui est arrivé quelquefois arrivera encore dans un cas où ce qui les frappe est pareil, sans être pour cela capables de juger si les mêmes raisons subsistent. C'est par là qu'il est si aisé aux hommes d'attraper les bêtes, et qu'il est si facile aux simples empiriques de faire des fautes. Des personnes devenues habiles par l'âge et par l'expérience n'en sont pas même exemptes, lorsqu'elles se fient trop à leur expérience passée, comme cela est arrivé à quelques-uns dans les affaires civiles et militaires, parce que l'on ne considère point assez que le monde change et que les hommes deviennent plus habiles en trouvant mille adresses nouvelles, au lieu que les cerfs ou les lièvres de ce temps ne sont pas plus rusés que ceux du temps passé. Les consécutions des bêtes ne sont qu'une ombre de raisonnement, c'est-à-dire ne sont qu'une consécution d'imaginations et un passage d'une image à une autre ; parce que dans une rencontre nouvelle qui paraît semblable à la précédente, elles s'attendent de nouveau à ce qu'elles y ont trouvé joint autrefois, comme si les choses étaient liées en effet parce que leurs images le sont dans la mémoire. Il est bien vrai que la raison conseille que l'on s'attende pour l'ordinaire de voir arriver à l'avenir ce qui est conforme à une longue expérience du passé, mais ce n'est pas pour cela une vérité nécessaire et infaillible ; et le succès peut cesser quand on s'y attend le moins, lorsque les raisons qui l'ont maintenu changent. Pour cette raison, les plus sages ne s'y fient pas tant qu'ils ne tâchent de pénétrer, s'il est possible, quelque chose de la raison de ce fait pour juger quand il faudra faire des exceptions. Car la raison est seule capable d'établir des règles sûres et de suppléer à ce qui manque à celles qui ne l'étaient point, en y faisant des exceptions et de trouver enfin des liaisons certaines dans la force des conséquences nécessaires, ce qui donne souvent le moyen de prévoir l'événement sans avoir besoin d'expérimenter les liaisons sensibles des images, où les bêtes sont réduites ; de sorte que ce qui justifie les principes internes des vérités nécessaires distingue encore l'homme de la bête.

LEIBNITZ, Trad. Lachelier. (Hachette et Cⁱᵉ, édit.)

CHAPITRE II

LES DIFFÉRENTS TYPES D'HOMMES

PREMIÈRE CAUSERIE

L'HYPOCRITE. — L'HOMME SINCÈRE

Définition. — L'hypocrisie est l'art d'affecter, de sang-froid et par intérêt, des sentiments que l'on n'éprouve pas réellement.

Le mensonge est une forme passagère de l'hypocrisie. — Il a des causes et des formes multiples. La plaisanterie : poisson d'avril ; dangereuse, crée une habitude. La crainte de la punition : ce n'est pas moi, on m'a poussé. Le mensonge poli, pour ne pas désobliger. La ruse : répondre de façon ambiguë. Le désir de grandir dans l'opinion : Tartarin. Mobiles plus méprisables : l'intérêt, la haine. — Éviter d'ergoter sur les cas où le mensonge est une faiblesse peut-être nécessaire ; indulgence dans les relations sociales, Philinte ; médecin et malade.

Le mensonge est moralement laid. — N'est-il pas avilissant ? L'intelligence est détournée sciemment de la vérité, son but. N'est-il pas anti-social ? Violation du contrat fondamental de la société, la bonne foi.

L'hypocrisie est un mal chronique. — L'hypocrite est un menteur en activité permanente. La vie est pour lui une perpétuelle comédie. C'est le sens étymologique : hypocrite, qui joue un rôle : attitude, gestes, parole, il vit son personnage.

Divers aspects de l'hypocrisie. — L'élève exagérément empressé envers le maître. L'écolier qui simule le travail derrière des livres échafaudés. Le flagorneur : le renard des fables, l'éconifleur de Gil Blas. L'adulateur des opinions et des puissants du jour, quels qu'ils soient. Le fanfaron de vice et le fanfaron de vertu. Conduite haïssable : elle crée dans l'hypocrite deux hommes dont l'un ment à l'autre et le ravale; elle abuse autrui et manque au devoir de justice, en causant un préjudice moral et parfois matériel. Vice d'autant plus immoral que le préjudice est plus considérable.

Conséquence inattendue de l'hypocrisie. — L'hypocrisie décèle un mal intérieur, une intention blâmable dont on a honte. Se masquer pour agir, c'est s'avouer vicieux, c'est rendre hommage à la vertu. (La Rochefoucauld.)

Règle de conduite. — Être sincère, (miel sans cire) pur de toute duplicité, faire connaître ce qu'on sent, ce qu'on pense réellement. Être franc, exprimer librement ce qu'on pense.

DEUXIÈME CAUSERIE

LE PARESSEUX. — LE TRAVAILLEUR

Définition. — Le travail est l'effort soutenu et réglé de toutes nos facultés en vue d'un résultat utile.

Le travail est nécessaire à notre activité tout entière. — Il exerce et fortifie le corps. Le paresseux s'amollit; il est plus accessible aux maladies. — Le travailleur observe, réfléchit, raisonne; son intelligence s'accroît; sa volonté augmente par l'effort. — Travailler cause la joie, éloigne l'ennui, tempère le chagrin. Le paresseux ne sait comment remplir le vide de son existence; il a besoin de se distraire, de s'étourdir : le jeu, le café et leurs conséquences.

Le travail est une nécessité individuelle. — Le travail permet de pourvoir aux nécessités de la vie quotidienne : nourriture, habitation, vêtement; il permet d'épargner en vue du lendemain; il crée donc une richesse; il donne la sécurité et une certaine indépendance.

Il est une nécessité sociale. — C'est une loi de la nature, de tous les êtres; qui ne s'accroît pas, diminue et disparaîtra. Tous travaillent pour nous, nous leur devons la réciprocité. C'est une dette à acquitter envers nos ancêtres et nos contemporains. Contribuons à agrandir le domaine social : bien-être, science, civilisation, progrès, solidarité.

Défauts du paresseux. — Le paresseux est un homme qui fait faillite à lui-même et aux autres : affaiblissement du corps, vie précaire, intelligence atrophiée (le snobisme), moralité en danger, parasitisme.

Règle de conduite. — Travailler, pour prendre conscience de sa valeur, pour épanouir ses facultés, pour devenir moralement plus libre.

TROISIÈME CAUSERIE

L'INTEMPÉRANT. — LE TEMPÉRANT

Définition. — La tempérance est la vertu modératrice des passions qui nous éloigne de tout excès. Appliquée au boire et au manger, elle se nomme sobriété. Sa formule serait : ni trop peu, ni trop.

La recherche du plaisir est une tendance naturelle. — L'homme a faim, il a soif. Ses organes et ses facultés réclament leur libre jeu. Un plaisir en découle. Aussitôt l'homme d'exagérer la recherche de ce plaisir. Mais seul l'exercice modéré et varié des facultés est source de plaisir, leur équilibre, indice de santé physique et morale.

Quels plaisirs l'homme doit poursuivre. — Faut-il se payer de sophismes comme « Gourmandise est signe d'intelligence » ? non, vous confondez saveur et savoir. Faut-il être insatiable ? L'enfant veut : « Encore ! » « Toujours ! ». Mais il n'est pas raisonnable. Rechercher le plaisir non avec ses sens, mais avec sa raison. Tout plaisir qui conserve l'être et le développe est légitime : propreté, hygiène, sport. Les jouissances intellectuelles profitent à chacun et ne nuisent à personne. Donc, ne pas se priver de plaisirs, mais faire une échelle des plaisirs et aller à ceux qui sont supérieurs en qualité : conversation, lecture, travail.

L'intempérant est son propre ennemi et l'ennemi des autres. — Cet égoïste est un maladroit. Il ruine sa santé par le lit, la table. Jamais satisfait, il tend aux jouissances raffinées et se détourne de son but, son perfectionnement. Il sacrifie en lui à la bête : compagnon du troupeau d'Épicure, il se dégrade, il diminue sa moralité. De plus, c'est un mauvais exemple ; le fait de la solidarité le rend nuisible aux autres : les riches oisifs, coureurs de plaisirs malsains, offrent un danger social.

Règle de conduite. — Ayons de la retenue, modérons-nous. Ne développons en nous des aptitudes que pour goûter les plaisirs élevés.

QUATRIÈME CAUSERIE

L'ALCOOLIQUE

Définition. — L'alcoolique est l'intempérant qui use habituellement ou abuse des boissons fortes, surtout des boissons distillées.

Préjugés relatifs à l'alcool. — Il réchauffe. Non : il abaisse la température d'un fiévreux. — Il nourrit. Insuffisamment et finit par empêcher de manger. — Il active la digestion aux dépens des digestions futures ; les aliments plongés dans l'alcool ne sont digérés que dans un temps double. — Il donne de la force. Excitation passagère ; expériences faites sur des ouvriers. — Il conserve. Oui, les fruits et les pièces anatomiques. — Eau-de-vie, eau de mort qui, comme tous les poisons, n'a qu'une valeur pharmaceutique.

L'alcoolisme est une plaie individuelle. — Un plaisir, un besoin, une passion : noyer son chagrin, voler du bonheur. L'ilote ivre des Spartiates : hagard, hébété, propos incohérents, objet de risée et de dégoût. Les conséquences possibles : bronchite infectieuse, cirrhose du foie, lésions organiques, delirium tremens. Futur client de l'hôpital ou de l'asile d'aliénés. — L'alcool influe sur le cerveau : imagination exaltée, mémoire hésitante, intelligence lourde et sans justesse, raison qui se cherche. — Abolition des sentiments ; le cœur se dessèche ; la volonté s'amollit, la dignité est abaissée. Est-ce un être que celui qui lentement se suicide ?

L'alcoolisme est un crime contre la famille et la race. — Le plus clair du budget familial est gaspillé en boisson. Les scènes au foyer, exigences tyranniques, coups (*Arthur*, d'Alphonse Daudet), la désunion avec la misère. Quel exemple pour les enfants ! Le pis, c'est que les innocents portent en eux la faute du père. Que dirait l'alcoolique le jour où le fils rachitique, tuberculeux, celui qui vole ou qui tue, la fille qui se déprave se dresseraient devant lui pour lui reprocher leurs tares ?

L'alcoolisme est une plaie sociale. — L'homme qui boit diminue sa puissance de travail ; il n'acquitte plus entièrement sa dette envers la société. Par lui, le pays s'abâtardit et se dépeuple. Il augmente les charges : hôpitaux, sanatoriums, maisons de santé. Avec quelles ressources en argent et en hommes la patrie envahie saurait-elle repousser l'agresseur ?

Responsabilité et devoirs sociaux. — Pourquoi la tentation permanente? Trop de cabarets, trop de poisons légaux. Il y a des boissons hygiéniques, il est des distractions utiles : l'instruction, soirées littéraires et musicales, théâtres, fêtes civiques. Pourquoi certains sont-ils asservis à des travaux épuisants? Pourquoi la pauvreté à l'état endémique?

Règle de conduite. — Déclinons hardiment toute invitation à boire. Que l'individu, le groupement, l'État fassent disparaître l'alcoolisme, qui est un crime.

CINQUIÈME CAUSERIE
L'IMPRÉVOYANT, L'ÉCONOME

Définition. — L'imprévoyant est l'homme qui gaspille son temps et ses ressources comme s'il devait mourir le jour même. L'économe administre sa vie de façon à pourvoir au présent et à l'avenir.

Bienfaits de la prévoyance. — Que sera demain? Affaiblissement de nos facultés, maladies, vieillesse; — accidents, malheurs. Prévoir, c'est voir d'ensemble : concevoir d'avance les événements, y parer. Les moyens : ne jamais gaspiller, c'est une forme de la tempérance; faire des économies, épargner. Il y a là une obligation matérielle qui met à l'abri du besoin; devoir de charité rendu possible; devoir de dignité personnelle; indépendance assurée.

Ses excès. — Amasser pour amasser. Ainsi, le cupide qui aime le gain pour le gain, l'argent pour l'argent : l'argent n'est pas un but. Ainsi, l'avare qui entasse : sottise, car l'argent n'a de valeur que par son utilisation; vice, passion exclusive : Harpagon.

Le groupement est l'indispensable auxiliaire de la prévoyance individuelle. — La prévoyance est-elle toujours possible? Modicité de certains salaires, chômage, familles nombreuses, longues maladies. Le livret de caisse d'épargne rapporte peu; une assurance coûte cher. Recourons à la mutualité sous ses formes diverses : mutualité scolaire, secours mutuels, coopératives, assurance en cas de décès, constitution de dot, de retraite. Nous y apprendrons l'initiative, l'effort, la discipline; apaisement des antagonismes, des haines.

Résultats fâcheux de l'imprévoyance. — L'imprévoyant est léger, imprudent, coupable; n'a-t-il jamais regardé autour de

lui? Réduit à solliciter, il s'expose à des refus, des affronts.
Qui emprunte doit rendre et s'accule parfois à des expédients.
Se coucher sans souper, plutôt que de se lever avec une dette
(Franklin); sinon, c'en est fait de notre fierté, de notre liberté.

Règle de conduite. — Attendons demain sans crainte, si
nous avons su le préparer aujourd'hui.

SIXIÈME CAUSERIE

LE LACHE, L'HOMME COURAGEUX

Définition. — Le courage, c'est la volonté en action,
« l'énergie », soit qu'elle ne fléchisse pas, soit qu'elle s'élève à
la hauteur d'un péril.

Le courage vaut surtout s'il est réfléchi. — Le tempérament fait réaliser des actes de courage à des animaux :
chiens policiers; à des hommes vigoureux, mais frustes. Le
vrai courage mesure l'acte à accomplir. Le but vaut-il le sacrifice? Tentons de le réaliser, même si l'effort apparaît au delà de
nos forces.

Où peut s'exercer le courage. — En nous-mêmes, dans le
milieu social, en face des obstacles de tous genres.

En nous-mêmes. — Courage physique. Résistance à la
peur qui est l'instinct de conservation; à la douleur : accidents,
maladies, mort. Résistance à l'idée du suicide, défection de la volonté, confusion du bien et du bonheur. Résistance au plaisir, aux
tentations : bonne chère, distractions, richesse. — Courage
moral : résistance aux passions, à la colère; rompre avec un
défaut; savoir se décider et persévérer; travailler joyeusement;
élever ses sentiments.

Dans le milieu social. — Résignation aux deuils, aux
déceptions. La vie est une lutte qui a ses victimes : mauvaise
fortune, misère. Ne pas se révolter, peut-être le mal vient-il un
peu de notre fait; pas d'abattement, agir. Courage civique :
braver le ridicule, affronter les colères, si la conscience l'ordonne. Maintenir la vérité en résistant à l'opinion égarée, à
l'entraînement. Se dresser contre la tyrannie, d'où qu'elle
vienne. Confesser ses torts, se dénoncer.

En face des obstacles de tous genres. — Les fléaux naturels : incendie, inondation, cataclysmes; se préserver par le
sang-froid, s'improviser sauveteur, redoubler d'énergie. Les
épidémies : courage du médecin, de l'infirmier volontaire. Les

fléaux humains : bravoure du soldat à la guerre. Les forces de la nature ; audace du marin, de l'aviateur.

La lâcheté. — Le lâche est celui dont la volonté est détendue (relâchement). Il n'ose pas ; il peut, il ne veut pas résister, affronter. Il se dégrade. Il est un danger social : élève qui laisse punir ses camarades ; soldat traître.

Règle de conduite. — Pour que l'âme devienne maîtresse du corps qu'elle anime, s'entraîner progressivement par le travail, l'action.

SEPTIÈME CAUSERIE

L'ÉGOÏSTE, L'HOMME DÉSINTÉRESSÉ

Définition. — L'égoïsme est le défaut de l'homme qui, indifférent pour tout ce qui touche autrui, ne pense qu'à lui et veut que tout le monde y pense : culte exclusif du moi (*ego*, je, moi).

D'où vient l'égoïsme. — Penchant naturel qui porte les êtres à fuir la douleur et à rechercher le plaisir. L'égoïste rend cette inclination dominante, envahissante ; il en fait la tendance unique, la règle unique de la volonté. La Rochefoucauld en a conclu faussement : les vertus se perdent dans l'amour-propre comme les fleuves dans la mer.

L'égoïsme est une injustice. — Il tend à exagérer le droit et à méconnaître le devoir. L'égoïste désire réaliser pour lui la plus grande somme de bonheur. En serait-il digne, il frustre les autres : la société est pour lui un moyen, non une fin.

L'égoïsme est une erreur. — On s'écarte de l'égoïste, qui ne collabore avec personne. Nulle sympathie pour lui, nulle amitié ; parfois un hommage des faibles : « Il est très fort ». Mais une aversion, une antipathie. Tous l'éloignent, essayent de paralyser son effort. Sa tâche est plus malaisée, son but, réussir (l'arriviste), plus difficile à atteindre. Nécessité pour lui de l'hypocrisie : deux vices pour un. Il devient cynique.

L'idéal de l'homme, animal sociable. — Garder, dans la légitime préoccupation de soi, la juste mesure. Ne la dépasser que dans l'altruisme, la bonté, source de justice. Ne rompre l'équilibre que par le désintéressement, l'abnégation, la générosité, l'oubli de son intérêt et de soi.

Règle de conduite. — Agir, non en vue de son bonheur, mais en vue de ce qui est bien.

HUITIÈME CAUSERIE

LES HÉROS

Définition. — L'homme au cœur généreux, à la volonté ferme et droite, en qui, dans l'histoire de l'humanité, s'est incarnée une vertu, voilà le héros.

Le héros n'est pas seulement l'homme de courage. — Nous considérons comme un héros celui qui, à une heure de sa vie, en face d'un devoir, a exalté sa volonté et dont l'acte apparaît sublime : Bara, d'Assas, Bonaparte au pont d'Arcole, les martyrs.

Caractère du véritable héros. — Harmonie constante de la raison et de la volonté, oubli de soi, noblesse, générosité, grandeur d'âme. Le héros, à la fin de sa vie, aurait pu dire, comme un personnage cornélien : « Je le ferais encor, si j'avais à le faire ».

Quelques types de héros. — Socrate : le citoyen qui résiste à l'oppression, ne murmure pas de l'injustice; sérénité en face de la mort, refus de désobéir aux lois. — Jeanne d'Arc, cœur sensible, âme ardente, victime sacrée. — Bayard, le chevalier sans peur et sans reproche. — Michel de l'Hospital, une conscience, l'apôtre de la tolérance. — Vincent de Paul, la charité rayonnante, père des enfants trouvés, consolateur des forçats, lumière des paysans arriérés. — Vauban aima le peuple profondément et affronta la disgrâce. — Hoche, le soldat républicain, pitoyable et humain. — Pasteur, le labeur patient et inlassable pour la science, le progrès, le bien de l'humanité entière.

Règle de conduite. — Accomplir chacun à son poste, même obscurément, son devoir, jusqu'à l'oubli de soi, jusqu'au sacrifice.

LECTURES

Laideur du mensonge.

« En vérité, le mentir est un maudit vice. Nous ne sommes hommes et ne nous tenons les uns les autres que par la parole. Si nous en connaissions l'horreur et le poids, nous le poursuivrions à feu plus justement que d'autres crimes. Je trouve qu'on s'amuse ordinairement à chastier aux enfants des erreurs innocentes très mal à propos, et qu'on les tourmente pour des actions téméraires qui n'ont ny impression ny suite. La menterie seule, et un peu au dessous, l'opiniastreté me semblent estre celles desquelles on devrait à toute instance combattre la naissance et le progrès : elles croissent quant et eux. Et depuis qu'on a donné ce fauls train à la langue, c'est merveille combien il est impossible de l'en retirer; par où il advient que nous voyons des honnestes hommes d'ailleurs y estre subjects et asservis. J'ai un bon garçon de tailleur à qui je n'ouy jamais dire une vérité, non pas quand elle s'offre pour lui servir utilement. Un ancien Père de l'Eglise dit que nous sommes mieux en la compagnie d'un chien cagneu qu'en celle d'un homme dont le langage nous est incogneu. Et de combien est le langage fauls moins sociable que le silence ? »

Montaigne.

Le menteur par vanité.

Arrias a tout lu, a tout vu; il veut le persuader ainsi. C'est un homme universel, et il se donne pour tel; il aime mieux mentir que de se taire, ou de paraître ignorer quelque chose. On parle à table d'un grand d'une cour du Nord ; il prend la parole, et l'ôte à ceux qui allaient dire ce qu'ils en savent; il s'oriente dans cette région lointaine comme s'il en était originaire ; il discourt des mœurs de cette cour, des femmes du pays, de ses lois et de ses coutumes; il récite des historiettes qui y sont arrivées; il les trouve plaisantes, et il en rit le premier jusqu'à éclater. Quelqu'un se hasarde de le contredire, et lui prouve nettement qu'il dit des choses qui ne sont pas vraies; Arrias ne se trouble point, prend feu au contraire contre l'interrupteur. « Je n'avance, lui dit-il, je ne raconte rien que je ne sache d'original; je l'ai appris de Sethon, ambassadeur de France dans cette cour, revenu à Paris depuis quelques jours, que je connais familièrement, que j'ai fort interrogé, et qui ne m'a caché aucune circonstance. » Il reprenait le fil de sa narration avec plus de confiance qu'il ne l'avait commencée, lorsque l'un des conviés lui dit : « C'est Sethon à qui vous parlez, lui-même, et qui arrive de son ambassade. »

La Bruyère.

L'hypocrite.

L'animal ne ment pas... le loup, le tigre ne vous flattent pas pour vous mieux déchirer. Le lion ne se déride pas pour vous capter. Il ne se fait pas un rugissement de courtisan. La vipère se cache, il est vrai ; mais dans ses yeux perçants vous pourriez lire sa haine. Elle ne ment pas... Ceux qui, comme l'araignée, tendent des embûches, ne caressent pas d'avance leur proie. Ils ne mentent pas.

Un seul être ment sur la terre, c'est l'homme.

Voulez-vous reconnaître le menteur ? Vous pouvez y parvenir en observant quelques-uns des signes suivants : l'œil éteint (car il s'agit de ne pas se laisser découvrir par le regard); le visage pâle (tout le sang se retire au dedans, comme si la vie même se dissimulait); les prunelles tournées vers les extrémités opposées (moyen d'égarer l'observateur); les sourcils froncés et soudainement épanouis (c'est d'abord un effort, qu'il faut aussitôt cacher); les dents serrées et bientôt la bouche entr'ouverte (comme pour retenir la parole et la lancer en même temps); surtout la langue qui s'effile et se darde dans un mot précipité; souvent la démarche serpentante, comme pour attaquer et fuir au même moment.

Mais que sont ces signes réduits à eux-mêmes? Ils doivent se combiner avec les traits et l'expression de celui à qui le menteur s'adresse. Car la première condition pour lui est d'imiter celui qu'il veut tromper. Il en prend le visage, le ton, le geste, en sorte qu'il diffère de lui-même aussi souvent qu'il change d'interlocuteur. De là une variété infinie qui échappe à l'analyse dans le même individu : simple avec les simples, violent avec les violents, timide avec les timides, le mot qui fait le fond de sa langue est loyauté.

Edgar Quinet. (Hachette et Cⁱᵉ, édit.)

L'homme franc.

Il y a de la corruption et de l'hypocrisie dans ce discours : « J'ai résolu d'en agir franchement avec vous. » — Que fais-tu, ô homme? ce préambule est inutile; la chose se fera bien voir à l'instant. Ton front doit porter écrites, dès le premier moment, ces paroles : « Voilà ce que j'ai résolu. » On doit les lire dans tes yeux à l'instant, comme celui qui est aimé découvre dans un regard toutes les pensées de sa maîtresse. L'homme franc et vertueux doit être, en un mot, comme un homme qui a mauvaise odeur. A peine assis à ses côtés, qu'on le veuille ou non, on s'en aperçoit. L'affectation de la franchise est un poignard caché. Rien n'est plus honteux qu'une amitié de loup. C'est là ce qu'il faut éviter. L'homme vertueux, le simple, le bienveillant, portent leurs intentions dans leurs yeux : et on les y voit toujours.

Marc Aurèle, trad. Pierron. (Fasquelle, édit.)

Le paresseux.

Un homme mou et amusé ne peut jamais être qu'un pauvre homme; et s'il se trouve dans de grandes places, il n'y sera que pour se déshonorer. La mollesse ôte à l'homme tout ce qui peut faire les qualités éclatantes. L'amour de ses commodités l'entraîne toujours malgré ses grands intérêts. Il ne saurait cultiver ses talents, ni acquérir les connaissances nécessaires dans sa profession, ni s'assujettir de suite au travail dans les fonctions pénibles, ni se contraindre pour s'accommoder au goût et à l'humeur d'autrui, ni s'appliquer courageusement à se corriger.

C'est le paresseux de l'Écriture, qui veut et ne veut pas; qui veut de loin ce qu'il faut vouloir, mais à qui les mains tombent de langueur dès qu'il regarde le travail de près. Que faire d'un tel homme? il n'est bon à rien. Les affaires l'ennuient, la lecture sérieuse le fatigue, le service d'armée trouble ses plaisirs, l'assiduité même de la Cour le gêne. Il faudrait lui faire passer sa vie sur un lit de repos. Travaille-t-il? les moments lui paraissent des heures. S'amuse-t-il? les heures ne lui paraissent plus que des moments. Tout son temps lui échappe, il ne sait ce qu'il en fait : il laisse couler l'eau sous les ponts.

Demandez-lui ce qu'il a fait de sa matinée : il n'en sait rien, car il a vécu sans songer s'il vivait.

FÉNELON.

Tous les hommes doivent travailler.

Tout le monde, partout, travaille dans le monde.
Le pêcheur ne craint pas le vent qui souffle et gronde ;
Il lutte avec la mer pour prendre le poisson.
Parfois, le soleil tue au temps de la moisson.
Le carrier meurt, rongé de poussière malsaine.
Le bûcheron parfois tombe du haut d'un chêne,
Le maçon, le couvreur, du faîte des maisons !
Le pauvre balayeur respire des poisons,
Mais il fait son devoir quand même, en temps de peste.
Le petit mousse grimpe au bout des mâts, plus leste
Qu'un singe, et quelquefois, les deux bras grands ouverts,
Tombe, en criant : « Ma mère ! » au fond des grandes mers !
Et moi, moi qui n'ai pas beaucoup de peine à vivre,
N'ayant qu'à fatiguer mes bons yeux sur un livre,
Pour apprendre à chérir ceux qui travaillent tant,
Je dirais toujours non ! Je serais mécontent !...
La vie est un combat. Je veux remplir ma tâche.
Celui qui fuit le champ du travail est un lâche.

J. AICARD. La chanson de l'enfant. (Delagrave, édit.)

Le travail intellectuel.

Cherche dans la science, enfant, la vérité.
Elle ouvre ses trésors, au spectacle enchanté,
A tous ceux dont le front, sur le travail, s'incline ;
A tous ceux qu'un beau livre à la page divine
Arrache du sommeil avant le point du jour.
Travaille, et dans ton cœur plein de force et d'amour,
Tu béniras l'instinct de ces lois éternelles
Qui donnent à l'oiseau du duvet pour ses ailes,
Des mères à genoux près des berceaux bénis,
De l'amour réchauffant au fond de tous les nids,
Et la lenteur du fleuve à la douceur des rives.
Le travail est la loi suprême. Que tu suives
Ou Newton dans les cieux ou Pasteur ici-bas,
Musset frôlant son luth avec un geste las

Ou Glück ou Massenet dans le divin d'un rêve,
Sache que le travail est le seul dieu qui lève,
Pour l'esprit endormi, muré dans sa prison,
Les nuages obscurs flottant à l'horizon.

EUGÈNE RAVASSARD, poète lyonnais contemporain.
Poésie inédite.

La tempérance.

La tempérance est une vertu qui nous modère en toutes choses et nous fait tenir un juste milieu entre le trop et le trop peu. Elle est d'un usage continuel ; elle empêche tout emportement de passion, soit de joie, soit de tristesse ; si on rit, c'est avec modération et modestie ; si on pleure, c'est sans se livrer tout entière à la douleur, la portant paisiblement et patiemment ; si on mange, c'est avec modération ; enfin la tempérance empêche tout excès. J'ai connu trois personnes qui eurent un grand sujet de tristesse par la perte d'un frère qui leur était également cher ; l'une d'elles était si outrée de douleur qu'elle se battait la tête contre la muraille, ne voulait ni boire ni manger et donnait toutes les marques d'une douleur excessive ; les autres, au contraire, pleuraient si paisiblement, quoique très amèrement, qu'elles ne faisaient aucun geste qui marquât le moindre emportement. Laquelle de ces tristesses trouvez-vous la plus raisonnable ? C'est sans doute celle qui demeure dans les bornes de la modération et de la patience.

La tempérance vous est très nécessaire en toute occasion, car le faible de la jeunesse est l'emportement pour la joie et le plaisir ; tout la met hors d'elle, et l'empêche de se posséder, si elle n'a grand soin de retenir la fougue de ce penchant. Il faut être maîtresse de sa joie, pour ne pas se laisser aller aux grands éclats de rire, aux démonstrations excessives : toute joie qui se montre par la posture du corps est immodérée, et, par conséquent, opposée à la tempérance. On ne doit jamais entendre rire avec éclat une personne modeste et bien élevée.

M⁰ᵉ DE MAINTENON.

Portrait d'un gourmand.

Cliton n'a jamais eu dans sa vie que deux affaires, qui est de dîner le matin et de souper le soir ; il ne semble né que pour la digestion ; il n'a de même qu'un entretien : il dit les entrées qui ont été servies au dernier repas où il s'est trouvé ; il dit combien il y a eu de potages, et quels potages ; il place ensuite le rôt et les entremets ; il se souvient exactement de quels plats on a relevé le premier service ; il n'oublie pas les hors-d'œuvre, les fruits et les assiettes ; il nomme tous les vins et toutes les liqueurs dont il a bu ; il possède le langage des cuisines autant qu'il peut s'étendre, et il me fait envie de manger à une bonne table où il ne soit point ; il a surtout un palais sûr, qui ne prend point le change ; et il ne s'est jamais vu exposé à l'horrible inconvénient de manger un mauvais ragoût, ou de boire du vin médiocre. C'est un personnage illustre dans son genre et qui a porté le talent de se bien nourrir jusqu'où il pouvait aller ; on ne reverra plus un homme qui mange tant et qui mange si bien : aussi est-il l'arbitre des bons morceaux et il n'est guère permis d'avoir de goût pour ce qu'il désapprouve. Mais il n'est plus ; il s'est fait du moins porter à table jusqu'à son dernier soupir ; il donnait à manger le jour qu'il est mort : quelque part où il soit, il mange ; et, s'il revient au monde, c'est pour manger.

LA BRUYÈRE. Caractères.

L'intempérance donne des exemples funestes.

LE JÉU

L'abreuvoir est public, et qui veut vient y boire :
J'ai vu les paysans, fils de la Forêt-Noire,
Leurs bâtons à la main, entrer dans ce réduit.
Je les ai vus penchés sur la bille d'ivoire,
Ayant à travers champs couru toute la nuit,
Fuyards désespérés de quelque honnête lit.

Je les ai vus debout, sous la lampe enfumée,
Avec leurs vestes rouges et leurs souliers boueux,
Tournant leurs grands chapeaux entre leurs doigts calleux,
Poser sous les râteaux la sueur d'une année,
Et là, muets d'horreur devant la Destinée,
Suivre des yeux leur pain qui courait devant eux !

Dirai-je qu'ils perdaient ? Hélas ! ce n'était guères.
C'était bien vite fait de leur vider les mains.
Ils regardaient alors toutes ces étrangères,
Tout ce monde enchanté de la saison des bains,
Qui s'en va sans poser le pied sur les chemins.

Ils couraient, ils partaient, tout ivres de lumière,
Et la nuit sur leurs yeux posait son noir bandeau.
Ces mains vides, ces mains qui labouraient la terre,
Il fallait les étendre, en rentrant au hameau,
Pour trouver à tâtons les murs de la chaumière,
L'aïeule au coin du feu, les enfants au berceau.

ALFRED DE MUSSET. Une bonne fortune. (E. Fasquelle, édit.

L'intempérant est inutile & nuisible.

« Citoyens, disait Socrate, s'il nous survenait une guerre, et que, voulant choisir un homme capable, avant tout, de nous sauver, nous en connussions un qui fût esclave de son ventre, du vin, de la mollesse et du sommeil, irions-nous le choisir ? Comment pourrions-nous supposer qu'un pareil homme nous sauvât et triomphât de nos ennemis ? Si nous voulions, à la fin de notre vie, confier à quelqu'un l'éducation de nos garçons, la garde de nos filles, le soin de notre bien, croirions-nous l'homme intempérant digne d'une telle confiance ? Donnerionsnous à un homme intempérant la garde de nos troupeaux, de nos greniers, la surveillance de nos travaux ?... Ainsi puisque nous ne voudrions pas d'un esclave intempérant, comment n'attacherions-nous pas de l'importance à nous défendre de lui ressembler ? En effet, on ne peut pas dire que l'intempérant soit nuisible aux autres, mais utile à lui-même ; au contraire, s'il fait du mal aux autres, il s'en fait plus encore puisque ce qu'il y a de plus pernicieux, c'est de ruiner, en même temps que sa maison, son corps et son esprit ! Et dans le commerce de la vie, peut-on se plaire avec un homme qui préfère à ses amis le vin et la bonne chère » !...

XÉNOPHON. *Mémorables*, trad. Talbot. (Hachette et Cⁱᵉ, édit.)

Éloignons l'alcool de l'enfant.

L'alcoolisme existe-t-il chez l'enfant? Hélas ! oui, au moins dans notre génération. Les anciens disent bien que, de leur temps, les enfants ne buvaient pas de vin. Actuellement le vin et la bière sont donnés presque journellement aux enfants, et cela surtout dans la classe bourgeoise. Aux enfants faibles on donne des vins forts, malaga, madère, marsala ; aux anémiques, du cognac et de l'eau de cerises, ou de la bonne eau-de-vie de marc « faite à la maison ». L'alcoolisme chez l'enfant existe donc ; il est même très fréquent, et il est même bien souvent la cause de maladies sérieuses qui se guérissent comme par enchantement, quand on supprime la cause, c'est-à-dire les boissons alcooliques. Dʳ COMBES,

LEMOINE et VILLETTE. *Contre l'alcoolisme.* (Nathan, édit.)

Fuyez toutes les occasions de boire.

Le premier verre de bière qu'on prend n'a pas meilleur goût que le premier cigare. Les hommes boivent parce que d'autres boivent. Et dès qu'on est habitué à boire, on ne manque naturellement jamais de raisons pour continuer. On boit quand on se revoit, on boit quand on se quitte. On boit quand on a faim pour engourdir la faim, et quand on est rassasié pour se donner de l'appétit. On boit quand il fait froid pour se réchauffer, et quand il fait chaud pour se rafraîchir. On boit quand on a sommeil pour se tenir éveillé, et quand on a des insomnies pour se faire dormir. On boit quand on est triste, on boit parce qu'on est gai. On boit à une naissance, on boit à un enterrement. On boit toujours. Dʳ BUNGE.

LEMOINE et VILLETTE. *Contre l'alcoolisme.* (Nathan, édit.)

L'individu et la société en lutte contre l'alcoolisme.

L'absinthe ? ce poison couleur de vert-de-gris,
Qui vous rend idiot, sans qu'on soit jamais gris ?
Merci !
    — Le cabaret ? L'on sait ce qu'on y gagne !
Singulier goût d'aimer à battre la campagne !

Je n'ai jamais compris, sobre dès le matin,
Les éblouissements de ce comptoir d'étain.
Voyez-vous, ma raison, qu'un pareil soupçon blesse,
Fait de la tempérance un titre de noblesse.
La misère et le vice ont besoin de l'oubli :
J'aime trop mon bon sens pour le voir affaibli ;
Et nous n'avons pas trop de notre intelligence,
Nous autres, pour combattre et vaincre l'ignorance.
. . . .
Je suis de ces rêveurs, charmés de leur trouvaille,
Dont l'esprit va son train lorsque la main travaille.
Et quand je ne vais pas, — c'est là tout mon roman, —
Bras dessus, bras dessous, promener la maman,
— Car les mères aussi veulent être amusées, —
Je dessine chez moi, je vais dans les musées,
Je suis les cours publics : il s'en fait à foison.
J'apprends tant bien que mal à forger ma raison.
A quoi sert d'habiter une pareille ville,
Si c'est pour y moisir comme une âme servile ?
. . . .
On doit joindre au métier tout ce qui le relève ;
Aider au bien qu'on voit par le mieux que l'on rêve,
Travailler sans relâche, afin d'être plus fort,
Et contre la misère user un moindre effort.
Et d'ailleurs il le faut, monsieur : le flot nous pousse,
Et doit encor plus haut nous porter sans secousse.
Arbre ou peuple, toujours la force vient d'en bas :
La sève humaine monte, et ne redescend pas.
Aux livres je dois tout : j'en ai là sur la planche
Qui me font sans ennui passer tout mon dimanche.
Avec eux, j'ai senti mon âme s'assainir ;
Ils m'ont donné la foi que j'ai dans l'avenir.
Ma mère me l'a dit : l'ignorance est brutale ;
Elle imprime au visage une marque fatale,
Au mal, comme au carcan, l'ignorant est rivé ;
Mais quiconque sait lire est un homme sauvé.

Eugène Manuel. Les Ouvriers. (Calmann-Lévy, édit.)

Une maison bien administrée.

On peut réduire l'instruction sur cet article à cinq ou six principes qui renferment tous les autres :

1° Régler sa dépense sur ses revenus et sur son état, sans jamais se laisser emporter au delà des bornes d'une honnête bienséance par la coutume et l'exemple, dont le luxe ne manque pas de se prévaloir ;

2° Ne prendre rien à crédit chez les marchands, mais payer argent comptant tout ce qu'on achète. C'est le moyen d'avoir tout ce qu'ils ont de meilleur et de l'avoir à moindre prix ;

3° S'accoutumer à regarder comme une grande injustice de faire attendre les ouvriers et les domestiques pour leur payer ce qui leur est dû ;

4° Se faire représenter et arrêter les comptes régulièrement tous les mois, les clore sans manquer à la fin de chaque année et se donner bien de garde d'abandonner la régie des biens et de la maison à des mains subalternes, qui ne sont pas toujours zélées et fidèles. Ce soin n'est pas pénible et ne coûte presque rien, quand on y est exact ; au lieu que, si on le néglige, il devient un travail qui rebute et qui fait qu'on laisse accumuler années sur années, ce qui cause un désordre et un chaos affreux dans les affaires qu'il n'est plus possible de débrouiller et qui ruine enfin les maisons les plus opulentes ;

5° Dans le règlement qu'on fera des dépenses, qui doit toujours être proportionné aux revenus, mettre à la tête de tout la portion destinée et due aux pauvres. Ce n'est pas une grâce qu'on leur accorde, mais une dette dont on s'acquitte à leur égard. Le moyen le plus sûr et le plus aisé de s'acquitter fidèlement de ce devoir, c'est de faire cette séparation dans le même moment que l'on reçoit quelque somme de ses revenus et de la mettre à part comme un dépôt. La libéralité coûte moins quand on a de l'argent devant soi, et, par cette attention, on se ménage toujours un fonds pour les diverses charités qu'on est obligé de faire.

ROLLIN.

L'économie et l'avarice.

L'économie est le jugement appliqué aux consommations. Elle connaît ses ressources et le meilleur emploi qu'on peut en faire. L'économie n'a point de principes absolus ; elle est toujours relative à la fortune, à la situation, aux besoins du consommateur. Telle dépense conseillée par une sage économie dans une fortune médiocre serait une mesquinerie pour un riche et une prodigalité pour un ménage indigent. Il faut, dans la maladie, s'accorder des douceurs qu'on se refuserait en état de santé. Un bienfait qui mérite la plus haute louange, lorsqu'il est pris sur les jouissances du bienfaiteur, est digne de mépris, s'il n'est accordé qu'aux dépens de la subsistance de ses enfants.

L'économie s'éloigne autant de l'avarice que de la prodigalité. L'avarice entasse, non pour consommer, non pour reproduire, mais pour entasser : c'est un instinct, un besoin machinal et honteux. L'économie est fille de la sagesse et d'une raison éclairée ; elle sait se refuser le superflu pour se ménager le nécessaire, tandis que l'avare se refuse le nécessaire afin de se procurer le superflu dans un avenir qui n'arrive jamais. On peut porter de l'économie dans une fête somptueuse, et l'économie fournit les moyens de la rendre plus belle encore ; l'avarice ne peut se montrer nulle part sans tout gâter. Une personne économe compare ses facultés avec ses besoins présents, avec ses besoins futurs, avec ce qu'exigent d'elle sa famille, ses amis, l'humanité. Un avare n'a point de famille, point d'amis ; à peine a-t-il des besoins, et l'humanité n'existe pas pour lui. L'économie ne veut rien consommer en vain ; l'avarice ne veut rien consommer du tout. La première est l'effet d'un calcul louable en ce qu'il offre seul les moyens de s'acquitter de ses devoirs, et d'être généreux sans être injuste. L'avarice est une passion vile, par la raison qu'elle se considère exclusivement et sacrifie tout à elle.

J.-B. Say.

Ne faites pas de dettes.

« Celui qui va faire un emprunt va chercher une mortification. Hélas ! pensez-vous bien à ce que vous faites, lorsque vous vous endettez ? Vous donnez des droits à un autre sur votre liberté. Si vous ne pouvez pas payer au terme fixé, vous serez honteux de voir votre créancier, vous serez dans l'appréhension en lui parlant, vous vous abaisserez à des excuses pitoyablement motivées ; peu à peu vous perdrez votre franchise, et vous en viendrez à vous déshonorer par les menteries les plus évidentes et les plus méprisables ; car *le mensonge monte en croupe de la dette.* Un homme né libre ne devrait jamais rougir ni appréhender de parler à quelque homme vivant que ce soit, ni de le regarder en face ; mais souvent la pauvreté efface et courage et vertu. — *Il est difficile qu'un sac vide se tienne debout.* »

Franklin.

Bien remplir sa vie, c'est apprendre à affronter la mort.

Pourquoi, plus la vie est remplie, moins on y est attaché ? Si cela est vrai, c'est qu'une vie occupée est communément une vie innocente ; c'est qu'on pense moins à la mort et qu'on la craint moins ; c'est que, sans s'en apercevoir, on se résigne au sort commun des êtres qu'on voit sans cesse mourir et renaître autour de soi ; c'est qu'après avoir satisfait, pendant un certain nombre d'années, à des ouvrages que la nature ramène tous les ans, on s'en détache, on s'en lasse ; les forces se perdent, on s'affaiblit, on désire la fin de la vie, comme après avoir bien travaillé on désire la fin de la journée ; c'est qu'en vivant dans l'état de nature on ne se révolte pas contre les ordres que l'on voit s'exécuter si nécessairement et si universellement ; c'est qu'après avoir fouillé la terre tant de fois on a moins de répugnance à y descendre ; c'est qu'après avoir sommeillé tant de fois sur la surface de la terre on est plus disposé à sommeiller un peu au-dessous ; c'est, pour revenir à une des idées précédentes, qu'il n'y a personne parmi nous qui, après avoir beaucoup fatigué, n'ait désiré son lit, n'ait vu approcher le moment de se coucher avec un plaisir extrême ; c'est que la vie n'est, pour certaines personnes, qu'un long jour de fatigue, et la mort qu'un long sommeil, et le cercueil qu'un lit de repos, et la terre qu'un oreiller où il est doux à la fin d'aller mettre sa tête pour ne la plus relever. Je vous avoue que la mort, considérée sous ce point de vue, et après les longues traverses que j'ai essuyées, m'est on ne peut pas plus agréable. Je veux m'accoutumer de plus en plus à la voir ainsi.

Diderot.

La sérénité dans le malheur.

Clazomène a eu l'expérience de toutes les misères de l'humanité. Les maladies l'ont assiégé dès son enfance et l'ont sevré, dans son printemps, de tous les plaisirs de la jeunesse. Né pour des chagrins plus secrets, il a eu de la hauteur et de l'ambition dans la pauvreté. Il s'est vu dans ses disgrâces, méconnu de ceux qu'il aimait. L'injure a flétri son courage et il a été offensé de ceux dont il ne pouvait prendre vengeance. Ses talents, son travail continuel, son application à bien faire, n'ont pu fléchir la dureté de sa fortune. Sa sagesse n'a pu le garantir de faire des fautes irréparables. Il a souffert le mal qu'il ne méritait pas et celui que son imprudence lui attira. Lorsque la fortune a paru se lasser de le poursuivre, la mort s'est offerte à sa vue. Ses yeux se sont fermés à la fleur de son âge ; et, quand l'espérance trop lente commençait à flatter sa peine, il a eu la douleur insupportable de ne pas laisser assez de bien pour payer ses dettes, il n'a pu sauver sa vertu de cette tache. Si l'on cherche quelque raison de cette destinée si cruelle, on aura, je crois, de la peine à en trouver. Faut-il demander la raison pourquoi des joueurs très habiles se ruinent au jeu pendant que d'autres y font leur fortune ? ou pourquoi l'on voit des années qui n'ont ni printemps, ni automne, où les fruits de l'année sèchent dans leurs fleurs ? Toutefois qu'on ne pense pas que Clazomène eût voulu changer sa misère pour la prospérité des hommes faibles. La fortune peut se jouer de la sagesse des gens vertueux ; mais il ne lui appartient pas de faire fléchir leur courage.

VAUVENARGUES.

Portrait de Gnathon, l'égoïste.

Gnathon ne vit que pour soi, et tous les hommes ensemble sont à son égard comme s'ils n'étaient point. Non content de remplir à une table la première place, il occupe lui seul celle de deux autres. Il se fait, quelque part où il se trouve, une manière d'établissement, et ne souffre pas d'être plus pressé au sermon ou au théâtre que dans sa chambre. Il n'y a dans un carrosse que les places du fond qui lui conviennent ; dans toute autre, si on veut l'en croire, il pâlit et tombe en faiblesse. S'il fait un voyage avec plusieurs, il les prévient dans les hôtelleries, et il sait toujours se conserver dans la meilleure chambre le meilleur lit. Il tourne tout à son usage ; ses valets, ceux d'autrui, courent dans le même temps pour son service ; tout ce qu'il trouve sous sa main lui est propre, hardes, équipages. Il embarrasse tout le monde, ne se contraint pour personne, ne plaint personne, ne connaît de maux que les siens, que sa réplétion et sa bile, ne pleure point la mort des autres, n'appréhende que la sienne, qu'il rachèterait volontiers de l'extinction du genre humain.

LA BRUYÈRE.

L'égoïsme est une erreur et une injustice.

LETTRE DE CONDORCET A SA FILLE

La personnalité dont je voudrais te préserver n'est pas cette disposition constante à nous occuper sans distraction, sans relâche, de nos intérêts personnels ; à leur sacrifier les intérêts, les droits, le bonheur des autres.

Cet égoïsme est incompatible avec toute espèce de vertu, et même de sentiments honnêtes ; je serais trop malheureux, si je pouvais croire avoir besoin de t'en préserver. je parle de cette personnalité qui, dans les détails de la vie, nous fait tout rapporter aux intérêts de notre santé, de notre commodité, de nos goûts, de notre bien-être ; qui nous tient en quelque sorte toujours en présence de nous-mêmes, qui se nourrit des petits sacrifices qu'elle impose aux autres, sans en sentir l'injustice, et presque sans le savoir ; qui trouve naturel et juste tout ce qui lui convient, injuste et bizarre tout ce qui la blesse ; qui crie au caprice et à la tyrannie si un autre, en la ménageant, s'occupe un peu de lui-même.

Ce défaut éloigne la bienveillance, afflige et refroidit l'amitié. On est mécontent des autres, dont jamais l'abnégation d'eux-mêmes ne peut être assez complète. On est mécontent de soi, parce qu'une humeur vague et sans objet devient un sentiment constant et pénible dont on n'a plus la force de se délivrer. Si tu veux éviter ce malheur, fais que le sentiment de l'égalité et celui de la justice deviennent une habitude de ton âme et n'attends, n'exige des autres qu'un peu au-dessous de ce que tu ferais pour eux.

CONDORCET.

Vivons en autrui.

« Vivre en soi, ce n'est rien : il faut vivre en autrui.
A qui puis-je être utile, agréable, aujourd'hui ? »
Voilà chaque matin ce qu'il faudrait se dire ;
Et le soir, quand des cieux la clarté se retire,
Heureux à qui son cœur tout bas a répondu :
« Ce jour qui va finir, je ne l'ai pas perdu ;
Grâce à mes soins, j'ai vu sur une face humaine
La trace d'un plaisir ou l'oubli d'une peine ».
Que la société porterait de doux fruits,
Si par de tels pensers nous étions tous conduits !
Cet amour du prochain, que la loi nous commande,
C'est la perfection où je veux qu'on prétende.
Je l'ai prêché cent fois, je le répète encor.
D'un seul bon sentiment si j'ai hâté l'essor,
Ou si d'une vertu j'ai jeté la semence,
Ces vers, ces faibles vers ont eu leur récompense.

ANDRIEUX.

Donnons-nous les grands hommes en exemple.

VERTUS DE BAYARD

Bayard aimait son prochain comme soi-même et durant toute sa vie il l'a bien montré. Il n'eut jamais un écu qui ne fût au service du premier qui en avait besoin, et sans qu'il fût nécessaire de le lui demander.

Il a suivi toutes les guerres de Charles VIII, de Louis XII et de François Ier pendant trente-quatre ans, et pendant tout ce temps, personne ne l'a égalé dans toutes les choses qui regardent le métier des armes : peu de gens, en effet, ont eu sa bravoure.

Quand il s'agissait de ses amis, Bayard se montrait doux et paisible. Aucun soldat servant sous ses ordres n'a perdu son cheval qu'il ne l'ait remonté ; toujours, il faisait gracieusement ses dons pour contenter tout le monde. On pourra dire qu'il ne pouvait pas donner grand'chose, puisqu'il était pauvre ; il n'en avait que plus de mérite d'être, dans la mesure de ses moyens, aussi généreux qu'il était.

Bayard a bien gagné à la guerre cent mille francs avec ses prisonniers et il a tout donné à ceux qui en avaient besoin. Il faisait toujours ses aumônes en secret. Il est absolument certain qu'il a marié sans en rien dire, cent pauvres orphelins de noblesse ou de peuple.

Jamais, dans les pays conquis, on n'a pu trouver homme ou femme chez qui il logeait à qui il n'a payé ce qu'il pensait leur avoir coûté. Souvent on lui disait : « Monseigneur, c'est de l'argent perdu que vous leur donnez là : car, quand vous serez parti, on mettra le feu ici et on leur prendra tout ce que vous leur avez donné. »

Bayard répondait : « Messeigneurs, je fais ce que je dois. Nous ne sommes pas en ce monde pour vivre de pillage. Ce pauvre homme pourra toujours aller cacher son argent au pied de quelque arbre, et quand la guerre ne sera plus dans le pays, il pourra s'en servir. »

Par-dessus tous, Bayard était la plus gracieuse personne du monde, celle qui honorait le plus les gens vertueux et qui parlait le moins des gens vicieux. Il était mauvais flatteur : il ne disait jamais que la vérité, à quelque personne que ce fût, grand prince ou autre.

Le Loyal Serviteur, contemporain de Bayard.

Le grand homme, c'est l'homme de cœur généreux et de volonté droite.

Il y a quelque chose de plus admirable que l'esprit, c'est le cœur où la volonté a sa racine. Aussi est-ce par celui-ci bien plus que par celui-là qu'on mérite le titre de grand homme. Voilà un personnage qui a composé des poésies merveilleuses, qu'on ne se lasse pas de relire, et qui enchanteront encore nos derniers neveux ; mais ses actions n'ont pas été à la hauteur de ses écrits : ce n'est qu'un grand poète. En voilà un autre qui, durant vingt ans, a tenu suspendues à ses lèvres les multitudes frémissantes et ravies ; mais il n'a rien fait pour les élever et les ennoblir : ce n'est qu'un grand orateur. En voilà un troisième qui est sorti vainqueur de dix batailles et qui a étonné l'Europe par ses exploits ; mais il n'a jamais songé à mettre son épée au service d'une idée généreuse : ce n'est qu'un grand général. Le seul et vrai grand homme est le personnage, d'ailleurs éminent, chez qui l'élément essentiellement humain, c'est-à-dire la moralité, la volonté droite, domine tous les autres. Là où ce bel ordre est inter-verti, où la grandeur poétique, oratoire, militaire, prime la grandeur morale au lieu de lui être subordonnée, je ne reconnais pas la réalisa-tion de l'idéal humain ; je ne vois qu'une grandeur apparente, ou tout au moins d'un ordre inférieur.

        M. FERRAZ. *Nos devoirs et nos droits*. (Perrin et Cⁱᵉ, édit.).

Le héros vit non pour lui-même, mais pour ses frères.

Chassez de vos autels, juges vains et frivoles,
Ces héros conquérants, meurtrières idoles,
Tous ces grands noms, enfants des crimes, des malheurs,
De massacres fumant, teints de sang et de pleurs.
Venez tomber aux pieds de plus nobles images :
Voyez ces hommes saints, ces sublimes courages,
Héros dont les vertus, les travaux bienfaisants
Ont éclairé la terre et mérité l'encens,
Qui, dépouillés d'eux-mêmes et vivant pour leurs frères,
Les ont soumis au frein des règles salutaires,
Au joug de leur bonheur ; les ont faits citoyens ;
En leur donnant des lois leur ont donné des biens,
Des forces, des parents, la liberté, la vie ;
Enfin, qui d'un pays ont fait une patrie.
Et que de fois pourtant leurs frères envieux
Ont d'affronts insensés, de mépris odieux,
Accueilli les bienfaits de ces illustres guides !
Comme dans leurs maisons ces animaux stupides,
Dont la dent méfiante ose outrager la main
Qui se tendait vers eux pour apaiser leur faim.
Mais n'importe ; un grand homme, au milieu des supplices,
Goûte de la vertu les augustes délices.
Il le sait, les humains sont injustes, ingrats.
Que leurs yeux un moment ne le connaissent pas ;
Qu'un jour entre eux et lui s'élève avec murmure
D'insectes ennemis une nuée obscure,
N'importe, il les instruit, il les aime pour eux :
Même ingrats, il est doux d'avoir fait des heureux.
Il sait que leur vertu, leur bonté, leur prudence,
Doit être son ouvrage et non sa récompense,
Et que leur repentir, pleurant sur son tombeau,
De ses soins, de sa vie est un prix assez beau.
Au loin dans l'avenir sa grande âme contemple
Les sages opprimés que soutient son exemple ;
Des méchants dans soi-même il brave la noirceur :
C'est là qu'il sait les fuir, son asile est son cœur.

                        ANDRÉ CHÉNIER.

CHAPITRE III

LA SOCIÉTÉ

PREMIÈRE CAUSERIE

NÉCESSITÉ DE LA SOCIÉTÉ POUR L'HOMME

Définition. — La société, c'est l'état de vie en commun qui assure aux hommes le respect de leurs droits et l'accomplissement intégral de leurs devoirs.

Ce fut d'abord une nécessité. — Aspect ordinaire des sociétés animales : groupement en vue de la protection et de la défense. Malheur à l'homme seul; faible, il s'unit à ses semblables contre les périls. Pour la force matérielle, besoin de l'union : famille, tribu, peuplade.

Puis un fait de sensibilité. — Attraction, inclination sympathique. Vivre seul, c'est souffrir. Tendance à s'extérioriser, épancher sa douleur, communiquer sa joie. Bonheur de l'enfant qui babille et jase; désespoir de Robinson Crusoé à qui manque le son de la voix humaine. La parole, véhicule de la pensée; le langage, « lien de la vie civile ». (La Fontaine.)

Enfin, le milieu indispensable à la vie morale. — A peine groupés, les hommes s'aperçoivent qu'ils agissent et réagissent les uns sur les autres : lien social nouveau, obligation. Une obligation morale en découle : le but de chaque être, parce que raisonnable et libre, c'est son perfectionnement; il faut permettre et aider ce perfectionnement chez les autres; donc, limiter le droit de chacun et agrandir son devoir. Seule, la société rend possible cette réalisation. Par elle, l'homme progresse; elle progresse par lui.

Règle de conduite. — Développer en soi les vertus individuelles pour qu'elles prennent une valeur sociale de plus en plus grande.

DEUXIÈME CAUSERIE
SOCIÉTÉS BARBARES ET SOCIÉTÉS CIVILISÉES

Définition. — Une société civilisée est celle qui tend à réaliser notre triple besoin de sécurité, de justice, de secours mutuel.

Les sociétés ont évolué. — D'abord, la société barbare. Nul droit, sauf ce que Bismarck a appelé le droit du poing, *faustrecht*. Le despotisme, souvent inintelligent : Xerxès fait battre la mer avec des verges. Comme moyens : les supplices ; comme conséquences : la terreur, l'obéissance passive ou la révolte toujours sanglante.

Atténuation de l'absolutisme ; il s'exerce contre l'étranger qui, vaincu, devient esclave. L'esclave est une chose ; Caton demande de le ménager comme instrument de travail.

Puis la volonté du chef, sinon son bon plaisir, fait loi. Mais la fraternité est apparue ; après elle, la justice apparaît. Le servage, état de dépendance, comporte des degrés ; la « chose » devient un être qui, en principe, peut avoir une famille, un patrimoine.

Il y a donc déjà à la fois progrès moral et progrès social.

Comment se fonde la société civilisée. — Propagation des idées de liberté, déclaration des droits de l'homme, le droit substitué à la force. Une seule autorité, la loi, non redoutable, mais respectée. Plus de maîtres, des égaux collaborant à l'œuvre commune par un travail librement consenti.

Les générations successives. — Effort pénible des générations passées pour créer la société actuelle ; il est juste que nous soyons reconnaissants. Continuons l'effort, ne déméritons pas, garantissons à nos descendants en l'accroissant le capital social qui nous a été transmis.

Règles de conduite. — Ne pas médire du passé, ne pas se désintéresser de l'avenir.

TROISIÈME CAUSERIE
SOLIDARITÉ SOCIALE

Définition. — Solidarité peut se rapprocher de solide. — Un corps solide est un corps où les parties sont si adhérentes que toute action exercée sur les unes se communique aux autres. — La solidarité est l'état de dépendance réciproque des hommes exerçant les uns sur les autres et subissant des influences : l'un ne peut se développer, progresser, que si l'autre le peut aussi.

L'homme est enveloppé dans une sorte de réseau. — L'enfant, entouré de soins et de dévouement. L'éducation familiale, les amis, les maitres. Puis un milieu social particulier : groupement villageois, provincial : parenté, amitié, ressemblances physiques et morales; joies et douleurs partagées. Puis le milieu national et humain.

Solidarité économique. — Les collaborateurs d'une bouchée de pain. Coup d'œil sur les richesses d'une société civilisée : la ruche en activité, la machine dont les hommes sont les rouages. Un seul cesse-t-il d'accomplir sa tâche, tout souffre : les membres et l'estomac. (La Fontaine.) Nécessité du travail individuel : écolier, ouvrier, employé; division intelligente des fonctions sociales, selon les aptitudes; répartition des charges, mais aussi des profits; c'est justice.

Solidarité scientifique. — La science fait progresser l'humanité vers l'utile, le vrai, le beau; c'est ou bien l'œuvre des grands penseurs ou bien l'effort obscur et anonyme d'individus mettant à profit l'instruction reçue, fruit du savoir antérieur : les livres, les professeurs. Donc, s'instruire, pour soi, avec des obligations de plus en plus grandes envers la société à mesure qu'on s'instruit davantage; pour les autres, qu'il faut conseiller, éclairer, afin de payer sa dette.

Solidarité morale. — Effets déplorables de l'ambition : Napoléon I"; influence bienfaisante des tragédies de Corneille, des découvertes de Pasteur. Mauvais exemple de l'écolier indiscipliné, menteur, qui copie ses devoirs. Pas un acte humain qui ne se répercute. Donc, veiller sur nos paroles, nos actes; être bons pour augmenter dans le monde la somme de bien. Se pénétrer de sa responsabilité morale; ne l'accepter, ne l'attribuer aux autres que quand cela est juste.

Règle de conduite. — Vivre dans une maison de verre, où chacun puisse voir comment vous vivez pour autrui.

QUATRIÈME CAUSERIE

LES FONCTIONS SOCIALES

Définition. — La société constitue un organisme, un corps, dont les besoins divers nécessitent des organes différents, accomplissant des fonctions diverses.

Ce qui détermine la diversité des fonctions. — L'instinct d'imitation, les tendances héréditaires, le milieu social. Puis les dons, les aptitudes naturelles : facultés physiques, facultés intellectuelles dans leur variété. Ensuite, les aptitudes acquises par l'instruction, l'éducation : la patience, le labeur, la force d'assimilation ; la spécialisation, car le bon à tout n'est bon à rien. Enfin, être à la hauteur de sa tâche : les déchéances intellectuelles et morales.

L'inégalité des aptitudes est un fait, l'égalité un droit. — Déclaration des droits de l'homme : « Les hommes naissent et demeurent égaux en droits. » Plus de castes, et, s'il est réellement des classes, pas de classes antagonistes. Car, il n'est plus de privilèges reposant sur les distinctions de naissance, admissibilité de tous aux fonctions publiques, égale répartition des charges, égalité devant l'impôt et la loi.

L'utilité commune. — Les distinctions sociales sont fondées sur l'utilité commune. En face d'aptitudes différentes, nécessité de leur emploi au mieux de l'intérêt général, qui veut un échange de services de plus en plus perfectionné. La spécialisation, facteur du progrès social : l'homme qu'il faut dans la place qui lui convient. Valeur sociale de toutes les professions ; pas de sot métier, mais de sottes gens, les orgueilleux.

Règle de conduite. — Accroissons nos aptitudes, ne nous diminuons pas intellectuellement et moralement pour ne pas devenir inférieurs à notre rôle social.

CINQUIÈME CAUSERIE

LE DEVOIR PROFESSIONNEL

Définition. — Le devoir professionnel, c'est pour chacun l'accomplissement en toute conscience de son rôle social ; y manquer, c'est porter atteinte aux intérêts d'autrui et à la justice.

Du choix d'une profession. — Vocation souvent factice déterminée par l'hérédité, le milieu, un instinct sympathique ; ou encore la vanité, l'ambition. Comme conséquences : les déceptions l'aversion, l'instabilité. Le choix doit être éclairé ; il nécessite une instruction générale, qui renseigne sur les aptitudes particulières ; puis, une étude des antécédents et des conséquents de la profession ; s'aider des parents, des amis, des maîtres. Enfin une décision personnelle, pour n'avoir pas plus tard à incriminer les autres.

L'agriculture. — Tâche haute et difficile : l'homme en lutte contre la nature, scrutant ses secrets. Ne pas se décourager. Rompre avec la routine, faire preuve d'initiative. Probité dans les marchés, bienveillance et justice vis-à-vis de ceux qu'on emploie, travail personnel.

Le commerce. — Pour l'employé, tenir scrupuleusement ses engagements, prendre l'intérêt du patron comme si c'était le sien. Pour le patron, rétribution de ceux qu'il occupe en rapport avec la valeur du travail et les nécessités de la vie, nulle hauteur, nulle atteinte à la liberté ; par rapport à la clientèle, ne rien vendre de mauvais matériellement et moralement, ne pas tromper sur l'objet ; ne pas vouloir s'enrichir à tout prix.

L'industrie. — Pour l'ouvrier, respect du contrat de travail, labeur consciencieux. Un ennemi n'a pas besoin de vous ; donc le maître n'est pas l'ennemi. La grève, mais l'arbitrage. Pour le contremaître ou le patron : fidélité aux promesses, s'intéresser à ses collaborateurs ; ne les autorisez pas, par vos actes, à penser que vous vivez d'eux.

Le fonctionnarisme. — Être honoré par la fonction, sentir que c'est une charge, l'honorer soi-même. Pas d'affectation de zèle par platitude ou ambition, mais pas de laisser-aller. Urbanité et sympathie pour les chefs et les collègues, politesse avec le public. Éviter les recommandations, se recommander de soi-même. Étudier les réformes et les améliorations légitimes, qui prévaudront par la force morale.

L'esprit de corps. — C'est une solidarité qui provient d'une éducation, de goûts et d'intérêts communs. Ne pas y mêler l'orgueil, le parti pris ; ne pas en faire un esprit de caste incompatible avec l'égalité et la solidarité générales.

Règle de conduite. — Travaillons joyeusement, chacun à notre poste, et de façon à ennoblir notre tâche.

LECTURES

L'affection sociale.

Quel malheur, n'est-ce pas, pour une créature destinée à la société plus particulièrement qu'aucune autre, d'être dénuée de ces penchants qui la porteraient au bien et à l'intérêt général de son espèce ? Car il faut convenir qu'il n'y en a point de plus ennemie de la solitude que l'homme dans son état naturel. Il est entraîné, malgré qu'il en ait, à rechercher la connaissance, la familiarité et l'estime de ses semblables; telle est, en lui, la force de l'affection sociale, qu'il n'y a ni résolution, ni combat, ni violence, ni précepte qui le retiennent; il faut, ou céder à l'énergie de cette passion, ou tomber dans un abattement affreux et dans une mélancolie qui peut être mortelle.

L'homme insociable, ou celui qui s'exile volontairement du monde, et qui, rompant tout commerce avec la société, en abjure entièrement les devoirs, doit être sombre, triste, chagrin, et mal constitué.

L'homme séquestré, ou celui qui est séparé des hommes et de la société, par accident ou par force, doit éprouver dans son tempérament de funestes effets de cette séparation. La tristesse et la mauvaise humeur s'engendrent partout où l'affection sociale est éteinte ou réprimée; mais a-t-elle occasion d'agir en pleine liberté et de se manifester dans toute son énergie, elle transporte la créature. Celui dont on a brisé les liens, qui renaît à la lumière au sortir d'un cachot où il a été longtemps détenu, n'est pas plus heureux dans les premiers moments de sa liberté. Il y a peu de personnes qui n'aient éprouvé la joie dont on est pénétré lorsque, après une longue retraite, on décharge son cœur, on épanche son âme dans le sein d'un ami.

DIDEROT.

La tribu primitive.

. . . .

Or, en ces temps, mon fils, de choses primitives,
Les enfants de Caïn, familles fugitives,
Vivant, comme la brute, éparses dans les bois,
N'avaient point inventé le pouvoir ou les lois.
Les lois n'étaient alors que ces instincts sublimes
Qui font vibrer en nous nos sentiments intimes :
Sons vagues et confus que rendait au hasard
L'âme humaine, instrument sans règles et sans art,
Avant que la sagesse, éclairant nos oreilles,
Eût pour un chant divin accordé ses merveilles.
Le pouvoir n'était rien que la paternité,
De la vie et du temps la sainte autorité,
Dont l'âge décernait l'évidente puissance,
Et pour qui l'habitude était l'obéissance.
Quand la famille humaine en rameaux s'étendait,
Le conseil des vieillards au père succédait;
Du destin des tribus séculaires arbitres,
Ils régnaient sans couronne, et gouvernaient sans titres;
Leur parole écoutée était leurs seules lois :
On respectait le temps qui parlait par leurs voix,
Mais à leur tribu seule ils devaient la justice;
L'ignorance livrait le reste à leur caprice :
Tout ce qui n'était pas du sang de leurs aïeux,
Profane, n'avait plus titre d'homme à leurs yeux.
Ennemis éternels des races étrangères,
Leur brutale équité se bornait à leurs frères :

Pareils dans leur démence aux peuples d'aujourd'hui,
Bornant leur univers où leur soleil a lui,
Dépouillant de leurs droits des nations entières,
Et pensant que de Dieu l'amour a des frontières,
Quand ils les surprenaient, ils livraient sans remord
La mère à l'esclavage et le père à la mort ;
Et les enfants, proscrits même avant que de naître,
Croissaient dans la tribu pour y servir un maître.
Mais au-dessus des chefs, le vent des passions
Déchaînait quelquefois le feu des factions ;
Pour le choix des troupeaux, des butins, des épouses,
La colère excitait des tempêtes jalouses ;
Divisant la famille en partis inhumains,
Le pouvoir indécis flottait de mains en mains,
Jusqu'à ce que d'un chef l'heureuse tyrannie
Asservit à son tour sa race à son génie.

LAMARTINE. La chute d'un ange. (Hachette et Cⁱᵉ, édit.)

Les temps nouveaux.

Qui voudrait nier qu'en 1789, en sa poitrine agrandie, vivifiée d'un air plus pur, battit un cœur plus libre au premier lever, au premier éclat du soleil nouveau ; quand on entendit proclamer le droit des hommes, un droit commun à tous, et la liberté sublime, et la respectable égalité ?...

Tous les peuples opprimés ne tournaient-ils point leurs regards en ces jours d'entraînement, vers la capitale du monde, Paris, qui avait été capitale depuis longtemps et qui maintenant plus que jamais méritait ce beau titre ?...

Puis commença la guerre. Des bandes de Français en armes approchaient ; mais elles semblaient n'apporter qu'union et amitié ; elles l'apportaient aussi : de nobles sentiments élevaient leurs cœurs à tous ; ils plantèrent gaiement les arbres joyeux de la liberté, promettant à chacun le respect de ses droits et l'indépendance de son pays. L'allégresse fut grande chez les jeunes gens, chez les vieillards ; et la danse joyeuse commença autour du nouvel étendard.

Magnifique était le temps où le rêve le plus sublime de l'homme semblait prêt à s'accomplir. Toute langue était déliée : la vieillesse, l'âge mûr, la jeunesse même faisait entendre des discours pleins de raison et de sentiments élevés.

GŒTHE. Hermann et Dorothée, trad. B. Lévy.
(Hachette et Cⁱᵉ, édit.)

L'œuvre des générations successives.

Travaille, c'est la loi ; mais rappelle-toi en travaillant que l'humanité dont tu fais partie, atome d'une minute, est une perpétuelle collaboration. Quand tu es venu au monde, à cette date du temps, tu as trouvé, rangé autour de ton berceau, l'immense mobilier intellectuel et matériel de toutes les inventions et de toutes les richesses de la civilisation. D'autres avaient donc fait ces choses avant toi et pour toi, à leur insu, puisqu'ils te les ont transmises pour ton usage. Grâce à ce legs anonyme de milliers de générations apparues autrefois, disparues aujourd'hui, tu penses, en une vie d'homme, dix mille ans de pensées, et tu participes au sortir de ton berceau à dix mille ans d'épargne.

Eh bien ! par toutes ces découvertes de nos pères inconnus, replongés dans la nuit; par toutes ces richesses gratuites, accourues en quelque sorte à ta rencontre du fond des siècles passés, rends à l'humanité, dans ta mesure, ce que l'humanité t'a donné à ta naissance ; paye la dette de l'ancêtre, mets à la masse, apporte-lui ton contingent d'œuvres et d'idées. Car les œuvres, car les idées sont comptées, et, petites ou grandes, l'avenir les retrouvera toutes dans l'inventaire de son héritage. Les hommes, sans doute, ont beaucoup souffert pendant leur rude pèlerinage à travers l'histoire, et ils souffrent encore par indigence ou par ignorance, mais chaque jour le travail à faire pour vaincre cette double misère du corps et de l'esprit diminue de toute la somme du travail déjà fait depuis le jour de la Genèse.

Or, le travail, ainsi accumulé à l'infini sur le travail, constitue le capital social de l'humanité. Ce capital, toujours grossissant d'heure en heure par le simple fait de l'activité humaine, constitue le phénomène historique du progrès... Qu'importe le mal après cela ? Il est assurément, mais il est de moins en moins ; accident de passage, ou plutôt aiguillon de notre destinée... Courage donc, mon fils, et à l'œuvre !... Dis-toi toute ta vie que chaque coup de pioche, que chaque éclair de ton front, ira indéfiniment, après t'avoir nourri et illuminé le premier, racheter de siècle en siècle une autre génération de la servitude du besoin et l'élever à la dignité de la pensée.

     EUGÈNE PELLETAN. *Le monde marche*. (Félix Alcan, édit.)

Solidarité économique.

Vous êtes-vous jamais demandé par quelle combinaison un ouvrier serrurier, par exemple, fabrique son pain, sa viande, son vin, ses habits, son logement, l'éducation de ses enfants et tous les biens utiles, à coups de lime et de marteau ?

Il n'a pas hérité d'un centiare de terre : il ne sait ni labourer, ni moissonner, ni moudre, ni pétrir; et pourtant il se nourrit de pain. Il n'a vendangé de sa vie, et il répare ses forces en buvant un verre de vin. Il n'a jamais élevé une tête de bétail et il mange de la viande, et il porte des souliers de cuir. Sans filer, tisser ni coudre, il a du linge et des habits. Deux forts chevaux, qu'il n'a pas nourris, le mènent à l'atelier, s'il est loin, et le ramènent. Il n'a jamais songé à se bâtir une maison, et il est logé bien ou mal. Ses bras sont les seules armes qu'il ait à son service, et il vit en pleine sécurité : il ne craint pas les malfaiteurs de son pays, ni les armées européennes, dont l'effectif se monte à deux ou trois millions d'hommes. Il a des juges à lui, une police à lui, une armée toujours prête à combattre pour lui.

Qu'a-t-il fait hier, de huit heures du matin à six heures du soir, pour payer sa part de tant de biens et de tant de services ?

Il a posé des sonnettes. N'est-ce pas merveilleux ?

Sans doute, le travailleur en question doit une certaine reconnaissance à ses contemporains dont le travail simplifie et facilite sa vie, mais ses contemporains lui en doivent autant. Et la balance restera toujours égale, tant qu'il payera ce qu'il achète et produira l'équivalent de ce qu'il consomme.

Pénétrons-nous de cette vérité, et nous serons plus justes les uns pour les autres.

EDMOND ABOUT. (Hachette et Cⁱᵉ, édit.)

Solidarité intellectuelle.

Le progrès social est fait de patience, non d'impatience. Il y a solidarité entre l'avenir et le passé; l'avenir ne peut sortir du passé qu'à travers le présent. Vouloir devancer l'humanité entière, vouloir prendre son élan et son vol sans s'occuper de ceux qui marchent ou se traînent en arrière, illusion ! Progressistes, vous êtes solidaires de la tradition ; libres penseurs, vous êtes solidaires des croyants ; savants, vous êtes solidaires des ignorants. Vous avez beau dire : « Nous sommes ceux qui vont en avant, qui s'élèvent, qui volent vers l'avenir ; nous sommes les ailes déployées dans le libre espace ! » Ah ! vous êtes les ailes? Eh bien ! sachez que vous ne pouvez prendre votre élan sans garder votre appui sur le reste du corps; cette masse plus lourde, qui vous semble une gêne, vous nourrit et vous soutient. Si vous vous séparez de ce point d'appui, pauvres ailes, vous serez emportées au gré des vents comme une chose morte, et vous ne vous élèverez dans le vide que pour tomber à plat sur le sol.

Un peuple est un corps en marche, qui doit se mouvoir tout entier. La vraie fraternité n'est pas celle qui n'a souci que de s'élancer toujours plus loin et plus haut, sans regarder derrière elle pour voir si on peut la suivre : c'est celle qui règle son pas sur le pas de ceux qui sont plus faibles, qui leur tend la main, les entraîne en les soutenant, et ne craint pas, au besoin, de se faire humble avec ceux qu'on appelle les humbles.

A. FOUILLÉE. *L'enseignement au point de vue national.*
(Hachette et Cⁱᵉ, édit.).

Solidarité morale.

Un concours, un concert, telle est en moi la vie.
Il est beau de sentir dans l'immense harmonie
Les êtres étonnés frémir à l'unisson,
Comme on voit s'agiter dans un même rayon
Des atomes dorés par la même lumière.
Je ne m'appartiens pas, car chaque être n'est rien
Sans tous, rien par lui seul ; mais la nature entière
Résonne dans chaque être, et sur son vaste sein
Nous sommes tous unis, égaux et solidaires.

S. FAYE. — Causeries Morales.

4

Je crois sentir la rose éclore dans mon cœur,
Avec le papillon, je crois baiser la fleur.
Il n'est peut-être pas de peines solitaires,
D'égoïstes plaisirs, tout se lie et se tient.
La peine et le plaisir courent d'un être à l'autre,
Et le vôtre est le mien, et le mien est le vôtre,
Et je veux que le vôtre à vous tous soit le mien !
Que mon bonheur soit fait avec celui du monde,
Et que je porte enfin dans mon cœur dilaté
— En dût-il se briser, — toute l'humanité.
Une joie ici-bas est d'autant plus profonde
Qu'elle est plus large : un jour, je le crois, doit venir
Où nul ne pourra seul ni jouir, ni souffrir,
Où tout se mêlera, peines, plaisirs, pensées,
Où chantera dans l'âme un éternel écho.
Tous les hommes alors, de leurs mains enlacées,
Formeront une chaîne immense où chaque anneau,
Palpitant et vivant ne pourra sans secousse
Voir un autre frappé : la souffrance s'émousse
Lorsqu'elle unit les cœurs comme fait un aimant,
Et les soulève tous d'un même battement.
Ainsi que la pitié, la douleur devient douce.
Elargissons-nous donc ; laissons nos cœurs ouverts
A tout tressaillement de ce vaste univers.
Demandons notre part de toutes les souffrances
Dont le poids fait frémir les êtres révoltés ;
Demandons notre part des lointaines clartés
Qui se lèvent sur eux comme des espérances,
Faisant tomber enfin cet obstacle éternel,
Le *moi*, — réfléchissons en nous toute lumière
Qui monte de la terre ou qui descend du ciel,
Soyons l'œil transparent de la nature entière.

J.-M. GUYAU. *Vers d'un philosophe. Solidarité.* (F. Alcan, édit.)

Propre à tout, propre à rien.

Que faire d'Egésippe, qui demande un emploi ? Le mettra-t-on dans les finances, ou dans les troupes ? Cela est indifférent, et il faut que ce soit l'intérêt seul qui en décide, car il est aussi capable de manier de l'argent, ou de dresser des comptes, que de porter les armes. « Il est propre à tout », disent ses amis ; ce qui signifie toujours qu'il n'a pas plus de talent pour une chose que pour une autre, ou, en d'autres termes, qu'il n'est propre à rien. Ainsi la plupart des hommes, occupés d'eux seuls dans leur jeunesse, corrompus par la paresse ou par le plaisir, croient faussement, dans un âge plus avancé, qu'il leur suffit d'être inutiles ou dans l'indigence, afin que la République soit engagée à les placer ou à les secourir ; et ils profitent rarement de cette leçon si importante : que les hommes devraient employer les premières années de leur vie à devenir tels par leurs études et par leur travail, que la République elle-même eût besoin de leur industrie et de leurs lumières, qu'ils fussent comme une pièce nécessaire à tout son édifice, et qu'elle se trouvât portée par ses propres avantages à faire leur fortune, ou à l'embellir.

Nous devons travailler à nous rendre très dignes de quelque emploi : le reste ne nous regarde point, c'est l'affaire des autres.

La Bruyère.

La manie du fonctionnarisme.

Quelque multiplié que paraisse aujourd'hui le nombre des emplois, qui ne se compare plus qu'aux étoiles du ciel et au sable de la mer, il n'est pourtant nullement en proportion avec celui des demandes. Suivant un calcul modéré, il y a maintenant en France, pour chaque place, dix aspirants, ce qui, en supposant seulement deux cent mille emplois, fait un effectif de deux millions de solliciteurs actuellement dans les antichambres, « le chapeau à la main, se tenant sur leurs membres », comme dit Régnier dans ses *Satires...* Tout le monde se présente pour être quelque chose. On est quelque chose en raison du mal qu'on peut faire. Un laboureur n'est rien, un homme qui cultive, qui bâtit, qui travaille utilement, n'est rien. Un gendarme est quelque chose, un préfet est beaucoup, Bonaparte était tout. Voilà les gradations de l'estime publique.

Paul-Louis Courier.

Avant de choisir une profession, pesez le pour et le contre.

Examine d'abord les antécédents et les conséquents de chaque action ; puis, après cela, mets-toi à l'œuvre. Autrement, tu partiras d'abord avec ardeur, parce que tu n'auras pas songé à ce qui doit venir ensuite ; mais plus tard, à la moindre apparence, tu reculeras honteusement. « Je veux vaincre à Olympie ! » dis-tu. Et moi aussi, par tous les dieux ! car c'est une belle chose. Mais examines-en les antécédents et les conséquents ; et, après cela seulement, mets-toi à l'œuvre, si c'est ton intérêt. Or, il faut te soumettre à une discipline et à un régime ; t'abstenir de friandises ; t'exercer froidement à une heure réglée, qu'il fasse chaud ou froid ; ne boire à l'aventure ni vin ni eau fraîche ; en un mot, te remettre aux mains du maître comme en celles d'un médecin. Puis, dans la lutte, il te faudra ramasser la poussière, te démettre parfois le poignet, te fouler le pied, avaler beaucoup de sable, recevoir de rudes coups, et avec tout cela souvent être vaincu. Quand tu auras calculé ainsi, prends le métier d'athlète, si tu le veux encore. Autrement, sache que tu te conduiras comme les enfants qui jouent tantôt à l'athlète, tantôt au gladiateur ; qui sonnent maintenant de la trompette, et tout à l'heure déclameront la tragédie, suivant ce qu'ils auront vu et admiré. C'est là ce que tu es, athlète aujourd'hui, gladiateur demain, puis philosophe, puis orateur, et rien complètement. Tu imites, comme un singe, tout ce que tu vois : tu passes sans cesse d'un goût à un autre, et tout ce qui est habitude te déplaît. C'est que ce n'est pas après un mûr examen que tu t'es mis à l'œuvre; c'est que tu n'avais pas tourné tout autour de la chose pour la bien étudier; c'est que tu t'y es jeté à l'étourdie, et pour le plus frivole motif...

Homme, examine d'abord l'affaire en elle-même, puis ta propre nature, et ce que tu peux porter. Si tu veux être athlète, examine tes épaules, tes cuisses, tes reins. Car tel homme est fait pour une chose, et tel autre pour une autre.

ÉPICTÈTE. *Entretiens*, III, 15, trad. Courdaveaux. (Perrin et Cⁱᵉ, édit.)

Aimons notre état; restons-lui attachés.

Le plus précieux et le plus rare de tous les biens est l'amour de son état. Il n'y a rien que l'homme connaisse moins que le bonheur de sa condition. Heureux s'il croyait l'être, et malheureux souvent parce qu'il veut être trop heureux, il n'envisage jamais son état dans son véritable point de vue. Le désir lui présente de loin l'image trompeuse d'une parfaite félicité; l'espérance, séduite par ce portrait ingénieux, embrasse avidement un fantôme qui lui plaît; par une espèce de possession anticipée, l'âme jouit d'un bien qu'elle n'a pas encore; mais elle le perdra aussitôt qu'elle aura commencé de le posséder véritablement, et le dégoût abattra l'idole que le désir avait élevée.

L'homme est presque toujours également malheureux, et par ce qu'il désire, et par ce qu'il possède. Jaloux de la fortune des autres dans le temps qu'il est l'objet de leur jalousie, toujours envieux et toujours envié, s'il fait des vœux pour changer d'état, le ciel irrité ne les exauce souvent que pour le punir. Transporté loin de lui par ses désirs, et vieux dans sa jeunesse, il méprise le présent; et, courant après l'avenir, il veut toujours vivre et ne vit jamais.

Tel est le caractère dominant des mœurs de notre siècle : une inquiétude généralement répandue dans toutes les professions; une agitation que rien ne peut fixer, ennemie du repos, incapable du travail, portant partout le poids d'une inquiète et ambitieuse oisiveté; un soulèvement universel de tous les hommes contre leur condition; une espèce de conspiration générale, dans laquelle ils semblent être tous convenus de sortir de leur caractère; toutes les professions confondues, les dignités avilies, les bienséances violées; la plupart des hommes hors de leur place, méprisant leur état et le rendant méprisable. Toujours occupés de ce qu'ils veulent être et jamais de ce qu'ils sont, pleins de vastes projets, le seul qui leur échappe est celui de vivre contents de leur état.

D'AGUESSEAU.

Comment il faut accomplir le devoir professionnel.

Vous allez entrer dans le monde; des mille routes qu'il ouvre à l'activité humaine, chacun de vous en prendra une. La carrière des uns sera brillante, celle des autres obscure et cachée : la condition et la fortune de vos parents en décideront en grande partie. Que ceux qui auront la plus modeste part n'en murmurent point. Entre le ministre qui gouverne l'Etat et l'artisan qui contribue à sa prospérité par le travail de ses mains, il n'y a qu'une différence, c'est que la fonction de l'un est plus importante que celle de l'autre; mais à les bien remplir, le mérite moral est le même. Que chacun de vous, jeunes élèves, se contente donc de la part qui lui sera échue. Quelle que soit sa carrière, elle lui donnera une mission, des devoirs, une certaine somme de bien à produire. Ce sera là sa tâche; qu'il la remplisse avec courage et énergie, honnêtement et fidèlement, et il aura fait dans sa position tout ce qu'il est donné à l'homme de faire. Qu'il la remplisse aussi sans envie contre ses émules. Vous ne serez pas seuls dans votre chemin. Dans ce concours de la vie, d'autres pourront vous surpasser par le talent, ou devoir à la fortune un succès qui vous échappera. Ne leur en veuillez pas et, si vous avez fait de votre mieux, ne vous en veuillez pas à vous-même. Le succès n'est pas ce qui importe, c'est l'effort : car c'est à ce qui dépend de l'homme, ce qui l'élève, ce qui le rend content de lui-même. L'accomplissement du devoir, voilà, jeunes élèves, et le véritable but de la vie et le véritable bien. Vous le reconnaissez à ce signe qu'il dépend uniquement de votre volonté de l'atteindre, et à cet autre qu'il est également à la portée de tous, du pauvre comme du riche, de l'ignorant comme du savant, du pâtre comme du roi. C'est à sa suite que se produit dans l'âme le seul vrai bonheur de ce monde, et le seul aussi qui soit également accessible à tous et proportionné pour chacun à son mérite, le contentement de soi-même.

JOUFFROY.

CHAPITRE IV

LA JUSTICE SOCIALE

PREMIÈRE CAUSERIE
LA JUSTICE SOCIALE

Définition. — La justice est le respect de la personne humaine dans tout ce qui la constitue, l'attribution à chacun de tout ce qui lui est dû.

Nous avons le sentiment impérieux de la justice. — Sommes-nous victimes d'un abus de l'autorité ou de la force, d'un vol, d'un déni de justice? La colère, la révolte éclatent en nous. Même si c'est un de nos semblables qui est lésé, indignation; protestation instinctive des élèves et des foules souvent trop prompts à juger.

Comment se formule le devoir de justice. — Ne fais pas à autrui ce que tu ne voudrais pas qu'on te fît. Formule heureuse puisqu'elle dit : ton semblable est un autre toi-même; ne le fais pas servir à ton plaisir ou à ton utilité; il est ton égal en droits, or tu as le droit d'être respecté, respecte-le donc. Heureuse encore parce qu'elle constitue une pierre de touche. Mais formule incomplète : elle ne fait que défendre, elle est négative, elle dit : abstiens-toi, comme la loi civile; elle évoque l'idée d'une leçon d'intérêt bien compris, comme dans la plupart des fables de La Fontaine; elle limite le devoir, car elle n'ordonne pas un bien positif.

Que doit-on à chacun. — Les écoliers disent souvent : ce n'est pas mérité. Ils sentent qu'on doit à chacun selon son mérite, non ce qu'il réclame ou s'attribue; liberté qui serait licence, richesses excessives, besoins exagérés. Que nul n'éprouve un mal immérité, nul ne jouisse d'un bien illégitime. Que la société, impossible sans justice, même entre des voleurs (Cicéron), soit un état d'équilibre, d'harmonie.

Règle de conduite. — Examiner, avant d'agir, si notre acte ne fera point souffrir ou déchoir autrui de façon imméritée.

DEUXIÈME CAUSERIE

RESPECT DE LA PERSONNE HUMAINE

Définition. — Le respect de la personne humaine est plus particulièrement le respect de la personne physique, de la vie physique, de la liberté individuelle.

Pourquoi la personne physique doit être respectée. — Elle existe, elle a donc droit à l'existence. Or vivre, c'est agir, se déployer ; il faut le pouvoir. Tout être a droit à son complet épanouissement, sauf à répondre de l'abus.

La personne a-t-elle toujours été respectée ? — Non : le maître se considérait comme un bienfaiteur de l'esclave parce qu'il lui laissait la vie. Mais pas la vie libre ; formule étrange du « droit de vie et de mort ». C'est un contresens que de traiter comme une chose, un instrument, un objet de propriété, une personne qui n'appartient qu'à elle-même et ne doit avoir pour loi que son perfectionnement. La liberté, première condition de la moralité ; l'esclavage est immoral.

Est-elle respectée aujourd'hui ? — Disparition peut-être incomplète de l'esclavage et du servage : Chine, Arabie, Afrique. Préjugés contre l'homme d'une autre couleur. Attentats à la dignité et à la vie dans certaines conditions serviles, dans certains métiers ; se résigner, c'est se suicider moralement.

Les coups, le meurtre. — Ne pas frapper, ne pas blesser autrui ; ce serait abdiquer devant une passion, colère, ivresse, haine. L'acte devient inexcusable moralement lorsque mort s'ensuit : la vie est sacrée, un homme ne pourra plus exercer ses droits, remplir ses devoirs. Condamner le meurtrier, qu'il soit Caïn ou Ravaillac ; montrer l'absurdité du duel qui aboutit à un simulacre, ou à un homicide, ou à un suicide.

Règle de conduite. — Ne pas asservir, mais libérer en rendant conscients de leur dignité ceux qui en sont insuffisamment éclairés.

TROISIÈME CAUSERIE

RESPECT DE L'HONNEUR

Définition. — L'honneur est le sentiment que nous avons de notre dignité personnelle et le désir de ne pas déchoir dans l'estime de nos semblables.

L'honneur est une richesse. — Morale : héritage à transmettre sans tache, juste récompense d'une vie loyale, consolation dans les peines, source de force et de courage. Matérielle : bonne renommée vaut mieux que ceinture dorée.

L'impolitesse est une atteinte à l'honneur. — C'est un manque de considération ou une sorte de mépris qui se manifeste dans la parole, dans le geste, dans l'attitude. ·

Médire et calomnier. — C'est dire du mal sans raisons légitimes. Des caractères leur sont communs : bassesse de l'intention et des procédés, conséquences funestes.

La médisance. — Dévoile une faute, une action répréhensible ; manque d'indulgence, isole un fait, le grossit, le dénature. Ses mobiles : légèreté, orgueil, envie. Ses moyens : trahir un secret, rapporter en classe, écrire des lettres anonymes, se faire délateur. Ses effets : avilir quelqu'un, l'empêcher de regretter, de réparer, susciter l'esprit de vengeance.

La calomnie. — Impute à quelqu'un des fautes qui ne sont pas siennes, des actions mauvaises qu'il n'a pas commises : monnaie fausse mise en circulation. Ses mobiles : désir de jouer un rôle, de nuire, de se venger. Ses moyens : un mot méchant, un soupçon éveillé, une insinuation, une accusation forgée de toutes pièces. Ses effets : priver autrui de l'estime qu'il mérite, le rendre suspect, le ruiner moralement et parfois matériellement.

Règle de conduite. — Songer à ses propres faiblesses, ne pas prêter l'oreille aux envieux, ne pas être mauvaise langue.

QUATRIÈME CAUSERIE

RESPECT DE LA PROPRIÉTÉ

Définition. — La propriété est ce dont peut user et disposer chaque individu, c'est-à-dire son travail, les produits de son activité laborieuse ou leur équivalent, la richesse qui en résulte.

Son utilité. — Matérielle : conservation de l'individu, aiguillon pour son activité ; morale : l'indépendance. Chacun a droit à sa part, pourvu qu'il fasse effort. Ne pas dire : « Il y aura toujours des pauvres parmi nous ».

Elle a pour fondement la valeur sociale de chacun et sa probité. — Obligation du travail ; l'oisif est un parasite. Ne rien obtenir sans le mériter, obtenir d'autant plus que socialement on mérite plus. Obligation de la probité : ne rien enlever à autrui de ce qui lui revient ou devrait lui revenir. Sinon, c'est un vol, qui moralement ne se mesure pas à son importance : « qui vole un œuf vole un bœuf ». Ce vol est une faute contre l'intérêt personnel : sanctions possibles, représailles ; c'est une injustice ; c'est un attentat contre le bien général et la morale.

La donation, l'héritage. — Conséquences du droit de disposer de la propriété. Il semble qu'ils devraient être limités à ceux qui sont les continuateurs de la personne et de l'œuvre. Engendrent des obligations d'autant plus nombreuses pour celui qui reçoit que les droits acquis sont moins légitimes.

Solidarité de la propriété individuelle et de la société. — Nulle possibilité d'appropriation individuelle sans organisation sociale, nulle sûreté. Formation de la propriété collective par les redevances des propriétés individuelles en échange de la protection. L'utilité publique peut restreindre la propriété individuelle. Lois nécessaires pour réaliser pour chacun la plus grande somme de bien-être et de justice.

Règle de conduite. — Travaillons, de façon à augmenter par notre suractivité notre part de droits et la prospérité générale.

CINQUIÈME CAUSERIE

RESPECT DE LA PAROLE DONNÉE ET DES CONTRATS

Définition. — L'homme doit rester fidèle à ses engagements, oraux ou écrits, sous peine de manquer à la bonne foi, contrat fondamental de la société, et de se dégrader.

Engagements oraux. — Faire mentir le proverbe : les paroles s'envolent, les écrits restent; parole d'honnête homme vaut un écrit : Régulus, Porçon de la Barbinais. Éviter les promesses ambiguës; ne pas jouer au plus fin : la finesse est une demi-duplicité. Inutilité des : Je le jure, ma parole d'honneur. Ne point garder un silence équivoque; le silence est un engagement tacite : qui ne dit rien consent.

Engagements écrits. — Tous les contrats civils et commerciaux. Deux volontés en présence, deux confiances, deux consciences. Ne pas s'engager à la légère, peser le pour et le contre, prévoir. Mais exécuter à la lettre ce dont on est convenu, même si on a été dupe : être dupé et honnête homme vaut mieux qu'être dupeur et coquin. En cas de préjudice grave, comme on ne peut être juge et partie, s'adresser, après tentative de conciliation, à un arbitre ou à un tribunal. Ne pas se dérober en invoquant la force majeure, qui n'est pas un simple changement de circonstances, mais une impossibilité absolue. Ne pas avoir trop raison, si on a légalement raison; ne pas vivre en marge du code moral.

Causes des manquements à la parole. —Imprudence et imprévoyance; manque de courage pour ne pas s'engager, faiblesse pour ne pas tenir. Au cas de mensonge volontaire, il y a preuve d'égoïsme, vol.

Conséquences. — Impossibilité de la vie entre gens qui ne savent jamais s'ils peuvent compter les uns sur les autres : incertitude, contre-coups fâcheux. Abusé par vous, on s'éloigne de vous, on se défie.

Règle de conduite. — Aimer la vérité, la respecter, même à ses dépens.

SIXIÈME CAUSERIE

RESPECT DES OPINIONS ET DES CROYANCES

Définition. — Respecter les opinions et les croyances, c'est respecter dans l'homme sa vie intellectuelle, sa raison et sa volonté libres, sa personnalité.

Les opinions humaines. — Elles sont morales et philosophiques, religieuses, politiques. Possibilité d'opinions différentes, qui, toutes, ont également droit à la liberté pourvu qu'elles ne préjudicient ni aux individus dans leur vie matérielle, leur honneur, leur moralité, ni à l'ordre public.

L'intolérance. — Refuse aux autres ce qu'elle réclame pour soi : la pensée libre, le droit de l'exprimer librement par la parole et l'écrit, de la manifester dans ses actes. Illogisme, infraction à la Déclaration des droits, atteinte à la dignité humaine qui consiste dans la pensée (Pascal). Et le motif? Respectable au début : conviction, enthousiasme pour ses idées. Mais c'est de l'orgueil que de se croire en possession de la vérité, et de l'injustice que de taxer ses contradicteurs de sottise, ou d'insincérité, de parti pris, de calcul, de leur prêter des desseins odieux.

Moyens et conséquences. — Le sectaire, par menace ou

contrainte, raillerie, injure, outrage, persécution, en privant de certains avantages, en boycottant, en faisant pression, force les autres à abdiquer leurs opinions, ou à les dissimuler, ou à agir en contradiction avec les convictions de leur for intérieur. — Le but poursuivi n'est jamais atteint ; la raison échappe à la force et s'en vengera un jour ; mais auparavant, trouble des consciences, rancunes, découragement, hypocrisie, servilité, divisions profondes entre citoyens.

La tolérance. — A passé longtemps pour une vertu, n'est que de la justice. Sait que dans l'erreur même il y a une âme de vérité (Leibnitz) ; oppose à l'erreur sincère des arguments, la discussion, la force de la conviction. Les intelligences, s'exerçant librement, rendent plus vive la lumière où éclatera la vérité. Les cœurs sympathisent.

Règle de conduite. — Accepter toutes les opinions, mais ne pas se désintéresser du succès des siennes.

———

LECTURES

Ce qu'on respecte en autrui, c'est la qualité d'homme.

L'homme, en vertu de la raison dont il est doué, a la faculté de sentir sa dignité dans la personne de son semblable comme dans sa propre personne, et d'affirmer, sous ce rapport, son identité avec lui.

La justice est le produit de cette faculté : c'est le respect, spontanément éprouvé et réciproquement garanti, de la dignité humaine, en quelque personne et dans quelque circonstance qu'elle se trouve compromise et à quelque risque que nous expose sa défense.

Je dois respecter, et, si je le puis, faire respecter mon prochain comme moi-même : telle est la loi de ma conscience. En considération de quoi lui dois-je ce respect ? En considération de sa force, de son talent, de sa richesse ? Ce sont des accidents extérieurs, précisément ce qu'il y a dans la personne humaine de non respectable. En considération du respect qu'il me rend à son tour ? Non, la justice est supérieure même à cet intérêt. Elle n'attend pas la réciproque pour agir ; elle affirme, elle veut le respect de la dignité humaine, même chez l'ennemi, c'est ce qui fait qu'il y a un *droit de la guerre* ; même chez l'assassin, que nous tuons comme déchu de sa qualité d'homme, c'est ce qui fait qu'il y a un *droit pénal*.

Ce que je respecte en mon prochain, ce ne sont pas les dons de la nature ou les charmes de la fortune ; ce n'est ni son bœuf, ni son âne, ni sa servante, comme dit le Décalogue, ce n'est pas même le salut que j'attends de lui en échange du mien : c'est sa qualité d'homme.

PROUDHON. (Flammarion, édit.)

La règle du respect, c'est le mérite.

Cette idée de la personnalité, qui excite notre respect et qui nous révèle la sublimité de notre nature, est naturelle même à la raison commune, qui la saisit aisément. Cette dignité humaine, nous nous sentons tenus de la respecter chez les autres, comme chez nous. « Je m'incline devant un grand, disait Fontenelle, mais mon esprit ne s'incline pas. » Et moi j'ajouterai : devant l'humble bourgeois ou roturier en qui je vois l'honnêteté de caractère portée à un degré que je ne trouve pas en moi-même, mon esprit s'incline, que je le veuille ou non, et si haute que je porte la tête pour lui faire remarquer la supériorité de mon rang. Le respect est un tribut que nous ne pouvons refuser au mérite, que nous le voulions ou non; nous pouvons bien ne pas le laisser paraître au dehors, mais nous ne saurions nous empêcher de l'éprouver intérieurement.

KANT, *passim. Critique de la raison pratique*, trad. Barni.
(Félix Alcan, édit.)

L'esclavage ne peut provoquer que l'indignation ou l'ironie.

Si j'avais à soutenir le droit que nous avons eu de rendre les nègres esclaves, voici ce que je dirais :

« Les peuples d'Europe ayant exterminé ceux de l'Amérique, ils ont dû mettre en esclavage ceux de l'Afrique, pour s'en servir à défricher tant de terres.

Le sucre serait trop cher, si l'on ne faisait cultiver la plante qui le produit par des esclaves.

Ceux dont il s'agit sont noirs depuis les pieds jusqu'à la tête, et ils ont le nez si écrasé qu'il est presque impossible de les plaindre. On ne peut se mettre dans l'esprit que Dieu, qui est un être très sage, ait mis une âme, surtout une âme bonne, dans un corps tout noir...

Une preuve que les nègres n'ont pas le sens commun, c'est qu'ils font plus de cas d'un collier de verre que de l'or qui, chez les nations policées, est d'une si grande conséquence.

Il est impossible que nous supposions que ces gens-là soient des hommes, parce que, si nous les supposions des hommes, on commencerait à croire que nous ne sommes pas nous-mêmes chrétiens.

De petits esprits exagèrent trop l'injustice que l'on fait aux Africains, car, si elle était telle qu'ils le disent, ne serait-il pas venu dans la tête des princes d'Europe, qui font entre eux tant de conventions inutiles, d'en faire une générale en faveur de la miséricorde et de la pitié ? »

MONTESQUIEU. *Esprit des lois.*

Un attentat contre la personne : le duel.

Il est étonnant que cette coutume meurtrière des duels, que vous condamnez à si juste titre, continue si longtemps d'être en vogue. Jadis, lorsque les duels servaient à vider les procès, ils étaient excusables, car on était persuadé que la Providence favorisait la vérité et le bon droit par la victoire dans chaque affaire ; mais à présent les duels ne décident plus rien. Un homme tient un propos, un autre lui dit qu'il en a menti ; ils se battent ; mais, quel que soit celui des deux qui se fasse tuer, la question reste indécise. Ici, on raconte à ce sujet une histoire plaisante. Un monsieur, se trouvant dans un café, pria un voisin d'aller s'asseoir un peu plus loin. « Pourquoi ? — Parce que vous sentez mauvais, monsieur. — Vous m'insultez ; nous nous battrons. — Soit, nous nous battrons, si vous y tenez ; mais je ne vois pas que cela puisse améliorer la situation. Si vous me tuez, je puerai à mon tour ; si je vous tue, vous puerez, si possible, encore bien davantage, une fois mort. »

Misérables pécheurs que nous sommes, comment avons-nous l'orgueil de supposer que chaque offense faite à notre prétendu honneur mérite la mort ? Ces petits princes qui se croient de si grands personnages qualifieraient de tyran le souverain qui punirait de mort l'un d'entre eux pour s'être permis d'insulter à sa personne sacrée ; et cependant il n'en est pas un qui ne se constitue juge en sa propre cause, qui ne condamne le coupable sans jury et ne se fasse lui-même l'exécuteur de la sentence qu'il a prononcée.

FRANKLIN.

Ne pas vous résigner si l'on a attenté à votre vie ou à votre liberté.

Que parlez-vous de résignation... quand notre grandeur consiste à penser et à vaincre le mal par la pensée ?

Le mal est mon ennemi ; je le tue ou il me tue, mais je ne lui donne pas volontairement mon flanc à dévorer. La résignation n'est, ni en politique ni en morale, un mot de vocabulaire. Je suis de la race d'Ajax, jeté par un coup de mer sur l'écueil ; je me dresse de toute ma hauteur contre la vague, et je dis : « Je me sauverai quand même ». Je concevrais encore que Prométhée, cloué par les quatre membres à son rocher, laisse pendre de lassitude son front foudroyé et abandonne en silence sa chair au vautour : car il ne peut briser de sa poitrine brisée et vomir au ciel qu'un impuissant gémissement.

Mais l'homme n'est plus Prométhée ; il a brisé un anneau de la chaîne, puis un autre ; il a la tête libre, la main libre, maintenant...

Après la bataille de l'Alma, on vit un étrange spectacle. Un soldat anglais de taille homérique gisait sur le plateau, la face au ciel, l'œil ouvert et la prunelle fixe, comme s'il couvait du regard un ennemi dans l'espace.

Il était mort cependant ; une balle l'avait frappé au flanc et la plaie avait coulé avec abondance.

Mais pendant qu'il râlait, pendant qu'il palpitait encore sur l'herbe, un vautour voltigeait autour de sa tête pour dévorer la chair encore chaude de la victime ; il avait pu voir, à travers le voile de l'agonie, flotter comme un voile de plus, l'ombre funèbre de l'aile de ce dernier ennemi. Or, recueillant par un effort suprême un dernier reste de force, il avait saisi le vautour par le cou et l'avait étranglé avant de rendre le dernier soupir. Quoique mort, il le tenait toujours d'une main éternellement contractée, et tous deux reposaient à côté l'un de l'autre sur le même champ de carnage.

Faisons comme le soldat. Tâchons d'étrangler le vautour. Vengeons Prométhée ; après cela nous pourrons mourir.

E. PELLETAN. *Le monde marche.* (Félix Alcan, édit.)

De la politesse.

Avec de la vertu, de la capacité et une bonne conduite, l'on peut être insupportable. Les manières que l'on néglige comme des petites choses sont souvent ce qui fait que les hommes décident de vous en bien ou en mal : une légère attention à les avoir douces et polies prévient leur mauvais jugement. Il ne faut presque rien pour être cru fier, incivil, méprisant, désobligeant : il faut encore moins pour être estimé tout le contraire.

La politesse n'inspire pas toujours la bonté, l'équité, la complaisance, la gratitude ; elle en donne du moins les apparences et fait paraître l'homme au dehors comme il devrait être intérieurement.

L'on peut définir l'esprit de politesse, l'on ne peut en fixer la pratique ; elle suit l'usage et les coutumes reçues ; elle est attachée aux temps, aux lieux, aux personnes, et n'est point la même dans les deux sexes, ni dans les différentes positions ; l'esprit tout seul ne la fait pas deviner : il fait qu'on la suit par imitation et que l'on s'y perfectionne. Il y a des tempéraments qui ne sont susceptibles que de la politesse : il y en a d'autres qui ne servent qu'aux grands talents ou à une autre vertu solide. Il est vrai que les manières polies donnent cours au mérite, et le rendent agréable ; et qu'il faut avoir de bien éminentes qualités pour se soutenir sans la politesse. Il me semble que l'esprit de politesse est une certaine attention à faire que par nos paroles et par nos manières les autres soient contents de nous et d'eux-mêmes.

LA BRUYÈRE.

Les méchantes langues.

Parler et offenser pour de certaines gens est précisément la même chose ; ils sont piquants et amers ; leur style est mêlé de fiel et d'absinthe ; la raillerie, l'injure, l'insulte, leur découlent des lèvres comme leur salive. Il leur serait utile d'être nés muets et stupides. Ce qu'ils ont de vivacité et d'esprit leur nuit davantage que ne fait à quelques autres leur sottise. Ils ne se contentent pas toujours de répliquer avec aigreur, ils attaquent souvent avec insolence ; ils frappent sur tout ce qui se trouve sous leur langue, sur les présents, sur les absents ; ils heurtent de front et de côté, comme des béliers : demande-t-on à des béliers qu'ils n'aient pas de cornes ? De même n'espère-t-on pas de réformer par cette peinture des naturels si durs, si farouches, si indociles. Ce que l'on peut faire de mieux, d'aussi loin qu'on les découvre, est de les fuir de toute sa force et sans regarder derrière soi.

LA BRUYÈRE. Caractères.

D'un mot peuvent sortir le deuil et la haine.

Braves gens, prenez garde aux choses que vous dites.
Tout peut sortir d'un mot qu'en passant vous perdites,
Tout, la haine et le deuil ! Et ne m'objectez pas
Que vos amis sont sûrs et que vous parlez bas.
Ecoutez bien ceci : tête à tête, en pantoufle,
Portes closes, chez vous, sans un témoin qui souffle,
Vous dites à l'oreille au plus mystérieux
De vos amis de cœur, ou, si vous l'aimez mieux,
Vous murmurez tout seul, croyant presque vous taire
Dans le fond d'une cave, à trente pieds sous terre,
Un mot désagréable à quelque individu.
Ce mot, que vous croyez qu'on n'a pas entendu,
Que vous disiez si bas dans un lieu sourd et sombre,
Court à peine lâché, part, bondit, sort de l'ombre.
Tenez, il est dehors ! il connaît son chemin ;
Il marche, il a deux pieds, un bâton à la main,
Debout, souliers ferrés, un passeport en règle ;
Au besoin, il prendrait des ailes comme l'aigle !
Il vous échappe, il fuit, rien ne l'arrêtera ;
Il suit le quai, franchit la place, et cœtera,
Passe l'eau sans bateau dans la saison des crues,
Et va, tout à travers un dédale de rues,
Droit chez le citoyen dont vous avez parlé.
Il sait le numéro, l'étage, il a la clé ;
Il ouvre l'escalier, pousse la porte, passe,
Entre, arrive, et railleur, regardant l'homme en face,
Dit : « Me voilà ! je sors de la bouche d'un tel ».
Et, c'est fait, vous avez un ennemi mortel.

VICTOR HUGO. Œuvres posthumes.

La médisance.

La médisance, dit saint Chrysostome, porte un caractère de lâcheté dont on ne peut effacer l'opprobre.

Quoi que vous puissiez alléguer, on est en droit de ne pas vous croire et de dire que vous êtes piqué, que c'est la passion qui vous fait tenir ce langage ; que si cet homme était dans vos intérêts, vous ne le décrieriez pas de la sorte et que vous approuveriez dans lui ce que vous censurez maintenant avec tant de malignité. En effet, c'est ce qui se dit ; et les sages qui vous écoutent, témoins de votre emportement, bien loin d'en avoir moins d'estime pour votre ennemi, n'en conçoivent que du mépris pour vous et de la compassion pour votre faiblesse. Au contraire, si c'est votre ami (car à qui la médisance ne s'attaque-t-elle pas ?), quelle lâcheté de trahir ainsi la loi de l'amitié, de vous élever contre celui même dont vous devez être le défenseur, de l'exposer à la risée dans une conversation, tandis que vous l'entretenez ailleurs de belles paroles ; de le flatter d'une part, et de l'outrager de l'autre ! Or, il y en a, vous le savez, sur qui l'intempérance de la langue va jusqu'à ce point d'infidélité et qui n'épargneraient pas leur sang, leur propre père, quand il est question de railler et de médire... Mais je veux, conclut saint Chrysostôme, que cet homme vous soit indifférent ; n'est-ce pas une autre espèce de lâcheté de lui porter des coups si nuisibles ? Vous n'avez rien, dites-vous, contre lui, et, cependant, vous l'offensez et vous le blessez ! Je vous demande s'il est rien de plus lâche qu'un tel procédé.

Mais, de plus, quel temps choisit presque toujours le médisant pour frapper son coup ? Celui où l'on est moins en état de s'en défendre.

Car ne croyez pas qu'il attaque son ennemi de front ; il est trop circonspect dans son iniquité pour ne pas y apporter plus de précaution. Tandis qu'il vous verra, il ne lui échappera pas une parole. Qu'il aperçoive seulement un ami disposé à soutenir vos intérêts, il n'en faut pas davantage pour lui fermer la bouche. Mais éloignez-vous, et qu'il se croie en sûreté, c'est alors qu'il donnera un cours libre à sa médisance, qu'il en fera couler le fiel le plus amer, qu'il se déchaînera, qu'il éclatera. Or, quelle lâcheté d'insulter un homme parce qu'il n'est pas en pouvoir de répondre ! Et c'est néanmoins ce que font tous les médisants. Et voilà sur quoi particulièrement est établie l'obligation de ne pas les écouter.

BOURDALOUE.

La calomnie.

La calomnie, Monsieur ! Vous ne savez guère ce que vous dédaignez ; j'ai vu les plus honnêtes gens près d'en être accablés. Croyez qu'il n'y a pas de plate méchanceté, pas d'horreurs, pas de conte absurde, qu'on ne fasse adopter aux oisifs d'une grande ville en s'y prenant bien : et nous avons ici des gens d'une adresse !... D'abord un bruit léger, rasant le sol comme hirondelle avant l'orage, *pianissimo*, murmure et file, et sème en courant le trait empoisonné. Telle bouche le recueille, et *piano, piano*, vous le glisse en l'oreille adroitement. Le mal est fait ; il germe, il rampe, il chemine, et *rinforzando* de bouche en bouche il va le diable ; puis tout à coup, ne sais comment, vous voyez calomnie se dresser, siffler, s'enfler, grandir à vue d'œil. Elle s'élance, étend son vol, tourbillonne, enveloppe, arrache, entraîne, éclate et tonne, et devient, grâce au ciel, un cri général, un *crescendo* public, un *chorus* universel de haine et de proscription. Qui diable y résisterait ?

BEAUMARCHAIS.

Respecter le droit de propriété d'autrui, pour fonder le sien.

Que serait le monde si le droit cessait d'y régner, si chacun n'était en sûreté de sa personne et ne jouissait sans crainte de ce qui lui appartient ? Mieux vaudrait vivre au sein des forêts que dans une société ainsi livrée au brigandage.

Ce que vous prendrez aujourd'hui, un autre vous le prendra demain. Les hommes seront plus misérables que les oiseaux du ciel, à qui les autres oiseaux ne ravissent ni leur pâture ni leur nid.

Qu'est-ce qu'un pauvre ? C'est celui qui n'a point encore de propriété. Que souhaite-t-il ? De cesser d'être pauvre, c'est-à-dire d'acquérir une propriété. Or, celui qui dérobe, qui pille, que fait-il, sinon abolir, autant qu'il est en lui, le droit même de propriété ?

Piller, voler, c'est donc attaquer le pauvre aussi bien que le riche, c'est renverser le fondement de toute société parmi les hommes.

Quiconque ne possède rien ne peut arriver à posséder que parce que d'autres possèdent déjà, puisque ceux-là seuls peuvent lui donner quelque chose en échange de son travail.   Lamennais.

Progrès simultané de la propriété individuelle et de la propriété collective.

Une abeille ambitieuse s'attribuait tout l'honneur et toute la propriété de sa cellule ; une autre, plus sage, lui répondit : « Aurais-tu pu « la construire, si tu n'avais eu pour point d'appui les autres cellules, « et pour guide, l'instinctive géométrie de la race ? Sans les cellules « individuelles, point de ruche, et sans ruche commune, adieu les cel- « lules individuelles, tout s'écroule. »

A. Fouillée. (Hachette et Cⁱᵉ, édit.)

L'honnêteté se révèle dans les paroles.

Les paroles, ce moyen de s'entendre, si charmant, si facile, les paroles n'ont pas par elles-mêmes de valeur fixe ; elles en prennent chez chaque individu une particulière dont on est averti par des indices très délicats, mais qui, dans leur ensemble, trompent rarement.

Cette valeur peut être fort élevée. Tel mot prononcé par tel homme répond de sa conduite à jamais ; ce mot est lui ; il saura le soutenir, quoi qu'il en coûte ; il empreint sa moindre expression du sceau de son âme auguste et produit une impression profonde en la prononçant. En revanche, les protestations les plus fortes de tel autre homme ne comptent pas : ce sont des assignats démonétisés, dont on ne regarde plus le chiffre.   Mᵐᵉ Necker de Saussure.

Duplicité et finesse.

C'est le vice propre de l'homme double, et l'homme double est un méchant qui a toutes les démonstrations de l'homme de bien, c'est-à-dire belle apparence et mauvais jeu.

S. Faye. — Causeries Morales.

La duplicité de caractère suppose, ce me semble, un mépris décidé de la vertu. L'homme double s'est dit à lui-même qu'il faut toujours être assez adroit pour se montrer honnête homme, mais qu'il ne faut jamais faire la sottise de l'être.

Je croirais volontiers qu'il y a deux sortes de duplicité : l'une systématique et raisonnée, l'autre naturelle et, pour ainsi dire, animale ; on ne revient guère de la première, on ne revient jamais de la seconde. Je doute qu'il y ait un homme d'une duplicité assez consommée pour ne s'être point décelé.

Il y a des circonstances où la finesse est bien voisine de la duplicité. L'homme double vous trompe, et l'homme fin, au contraire, fait que vous vous trompez vous-même. Il faudrait quelquefois avoir égard au ton, au geste, au visage, à l'expression, pour savoir si un homme a mis de la duplicité dans une action, ou s'il n'y a mis que de la finesse. Quoi que l'on puisse dire en faveur de la finesse, elle sera toujours une nuance de la duplicité.

DIDEROT.

Pourquoi nous contredisons les autres.

L'impatience qui porte à contredire les autres avec chaleur ne vient que de ce que nous ne souffrons qu'avec peine qu'ils aient des sentiments différents des nôtres. C'est parce que ces sentiments sont contraires à notre sens qu'ils nous blessent, et non parce qu'ils sont contraires à la vérité. Si nous avions pour but de profiter à ceux que nous contredisons, nous prendrions d'autres mesures et d'autres voies. Nous ne voulons que les assujettir à nos opinions et nous élever au-dessus d'eux : ou plutôt nous voulons tirer, en les contredisant, une petite vengeance du dépit qu'ils nous ont fait en choquant notre sens. De sorte qu'il y a tout ensemble dans ce procédé et de l'orgueil qui nous cause ce dépit, et du défaut de charité qui nous porte à nous en venger par une contradiction indiscrète, et de l'hypocrisie qui nous fait couvrir tous ces sentiments corrompus du prétexte de l'amour de la vérité et du désir charitable de désabuser les autres, au lieu que nous ne recherchons, en effet, qu'à nous satisfaire nous-mêmes.

Ainsi notre premier soin doit être de travailler sur nous-mêmes, et de tâcher de mettre notre esprit en état de supporter sans émotion les opinions des autres qui nous paraissent fausses, afin de ne les combattre jamais que dans le désir de leur être utiles.

NICOLE.

La tolérance est un devoir.

On n'a jamais mis en doute que la tolérance ne fût un devoir pour les particuliers.

C'est elle qui rend la vertu aimable, qui ramène les âmes obstinées, qui apaise les ressentiments et les colères, qui, dans les villes et dans les familles, maintient l'union et la paix, et fait le plus grand charme de la vie civile.

Se pardonnerait-on les uns aux autres, je ne dis pas des mœurs différentes, mais même des maximes opposées, si on ne savait tolérer ce qui nous blesse? Et qui peut s'arroger le droit de soumettre les autres hommes à son tribunal? Qui peut être assez imprudent pour croire qu'il n'a pas besoin de l'indulgence qu'il refuse aux autres?

J'ose dire qu'on souffre moins des vices des méchants que de l'austérité farouche et orgueilleuse des réformateurs, et j'ai remarqué qu'il n'y avait guère de sévérité qui n'eût sa source dans l'ignorance de la nature, dans un amour-propre excessif, dans une jalousie dissimulée, enfin dans la petitesse du cœur.

VAUVENARGUES.

L'intolérance, c'est le droit des tigres.

L'intolérance n'est pas un droit; le droit humain ne peut être fondé en aucun cas que sur le droit naturel; et le grand principe, le principe universel de l'un et de l'autre, est, dans toute la terre: « Ne fais pas ce que tu ne voudrais pas qu'on te fit ». Or, on ne voit pas comment, suivant ce principe, un homme pourrait dire à un autre: « Crois ce que je crois et ce que tu ne peux croire, ou tu périras ». C'est ce qu'on dit en Portugal, en Espagne, à Goa. On se contente, à présent, dans quelques autres pays, de dire: « Crois, ou je t'abhorre; crois, ou je te ferai tout le mal que je pourrai; monstre, tu n'as pas ma religion: tu n'as donc point de religion. Il faut que tu sois en horreur à tes voisins, à ta ville, à ta province ». S'il était de droit humain de se conduire ainsi, il faudrait donc que le Japonais détestât le Chinois, qui aurait en exécration le Siamois; celui-ci poursuivrait les Gangarides, qui tomberaient sur les habitants de l'Indus; un Mongol arracherait le cœur au premier Malabre qu'il trouverait; le Malabre pourrait égorger le Persan, qui pourrait massacrer le Turc, et tous ensemble se jetteraient sur les chrétiens, qui se sont si longtemps dévorés les uns les autres.

Le droit de l'intolérance est donc absurde ou barbare: c'est le droit des tigres; et il est bien horrible, car les tigres ne déchirent que pour manger, et nous nous sommes exterminés pour des paragraphes.

VOLTAIRE.

Une voix de prison.

Une voix sortait des entrailles de l'onde et s'élevait, vague, immense, semblable aux soupirs de l'Esprit de l'abîme; et, des hauteurs du roc solitaire, d'où la masse noire de la prison projetait au loin sur la vague son ombre gigantesque, une autre voix, se mêlant à cette voix, s'en allait, à travers la nuit, mourir sur la plage déserte. Et celle-ci disait:

« Ils ont enchaîné le corps, mais l'âme se rit d'eux, elle est libre!

« Parce que je t'aimais, ô ma patrie, parce que je te voulais grande, heureuse, ceux qui te trahissent m'ont jeté dans ce cachot.

« Ils ont enchaîné le corps, mais l'âme se rit d'eux, elle est libre!

« Elle est libre et se rit d'eux, vils esclaves de leur bassesse même, serfs infâmes de la peur, à jamais ensevelis dans leur lâcheté et murés dans leurs crimes.

« Ce qu'ils ont là en leur puissance, qu'est-ce ? Rien. Aujourd'hui un peu de chair, demain une poignée de cendres.

« Leurs verrous arrêteront-ils ma pensée, mon amour ? M'empêchent-ils d'être au milieu de vous, frères ? et votre vie, n'est-ce pas ma vie ? Quand vous souffrez, je souffre avec vous ; quand vous luttez, je lutte avec vous ; il y a comme un souffle invisible qui passe de vous en moi, et de moi en vous. Qu'ils le saisissent, s'ils peuvent. Ils ont enchaîné le corps, mais l'âme se rit d'eux, elle est libre !

LAMENNAIS. *Une voix de prison.* (Garnier frères, édit.)

Tolérer l'erreur, c'est préparer le triomphe de la vérité.

Avant d'arriver à la vérité, il faut bien essayer un certain nombre d'hypothèses fausses ; découvrir le vrai, c'est avoir épuisé l'erreur. Le faux, l'absurde même a toujours joué un si grand rôle dans les affaires humaines qu'il serait assurément dangereux de l'en exclure du jour au lendemain : les transitions sont utiles, même pour passer de l'obscurité à la lumière, et l'on a besoin d'une accoutumance même pour la vérité. A l'origine, non seulement la vie morale et religieuse, mais la vie civile et politique reposait sur les plus grossières erreurs, monarchie absolue et de droit divin, castes, esclavage ; toute cette barbarie a eu son utilité, mais c'est justement parce qu'elle a été utile qu'elle ne l'est plus : elle a servi de moyen pour nous faire arriver à un état supérieur.

Les concessions à l'absurde, ou tout au moins au relatif, peuvent être parfois nécessaires dans les choses humaines ; mais elles sont transitoires. L'erreur n'est pas le but de l'esprit humain : s'il faut compter avec elle, s'il est inutile de la dénigrer d'un ton amer, il ne faut pas non plus la vénérer. Les esprits logiques et larges tout ensemble sont toujours sûrs d'être suivis, pourvu qu'on leur donne les siècles pour entraîner l'humanité : la vérité peut attendre ; elle restera toujours aussi jeune et elle est toujours sûre d'être un jour reconnue. Parfois, dans les longs trajets de nuit, les soldats en marche s'endorment, sans pourtant s'arrêter ; ils continuent d'aller dans leur rêve et ne se réveillent qu'au lieu d'arrivée, pour livrer bataille. Ainsi s'avancent en dormant les idées de l'esprit humain ; elles sont parfois si engourdies qu'elles semblent immobiles, on ne sent leur force et leur vie qu'au chemin qu'elles ont fait ; enfin le jour se lève et elles paraissent : on les reconnaît, elles sont victorieuses.

J.-M. GUYAU. (Félix Alcan, édit.)

CHAPITRE V

LA FRATERNITÉ SOCIALE

PREMIÈRE CAUSERIE

LA FRATERNITÉ SOCIALE

Définition. — Il ne suffit pas de respecter les autres parce qu'ils ont des droits, il faut les considérer comme d'autres nous-mêmes, des frères que nous devons aimer.

Condamnation de l'égoïsme. — C'est un mal social : l'égoïste rapporte tout à lui, s'attribue plus que sa part, lèse les autres. C'est un mal individuel : il assure parfois la réussite; mais les autres se replient sur eux-mêmes, s'écartent; l'égoïste ne goûte ni sa joie personnelle, ni celle d'autrui.

Insuffisance de la justice. — L'homme juste ne lèse pas les autres, s'il veut ne pas être lésé; il réclame pour lui et attribue aux autres ce qui est dû. Mais les hommes restent cantonnés dans leurs droits réciproquement respectés, stricte justice qui confine à l'injustice, si la justice n'est pas étendue. Il ne suffit pas de s'abstenir du mal, il faut pratiquer le bien : fais aux autres ce que tu voudrais qu'ils fissent pour toi. Pour cela, sacrifie un peu du tien : il faut s'entr'aider.

Comment se fonde la fraternité. — Sorte d'instinct : des animaux se sacrifient : la mort du loup (A. de Vigny). Sympathie pour les joies et les douleurs d'autrui; rien d'humain ne m'est étranger. Besoin de s'associer à la peine des autres, de l'alléger. Mais consentirait-on à restreindre son droit, à l'oublier, à se donner tout entier, si l'on n'aimait pas fraternellement autrui ?

Pourquoi elle doit exister. — Le droit de tous n'est pas égal, il y a des injustices à réparer : hasards de la naissance, inégalités physiques et intellectuelles, hasards de l'éducation, accidents de la vie. Il faut atténuer et remédier, sinon effacer et abolir.

Règle de conduite. — Pour être parfaitement justes soyons bons.

DEUXIÈME CAUSERIE

L'INSTRUCTION PUBLIQUE

Définition. — L'existence et la prospérité d'un groupement social dépendent du développement intellectuel de ceux qui le composent; le citoyen doit s'instruire, la société lui en faciliter les moyens en les organisant.

Devoir individuel. — L'enfant reçoit d'abord des parents, avec le pain du corps, le pain de l'esprit; puis il doit travailler de lui-même, pour lui-même. Pour lui-même : développement intégral de ses facultés, croissance en pensée, en dignité; effort personnel, docilité aux conseils; l'intelligence et le cœur s'éclairant ensemble : personne ne ferait le mal s'il connaissait le bien. Pour les autres : dans le travail le plus inférieur, perfectionnement possible par l'intelligence. Ne jamais dire : j'en saurai toujours assez : qui sait à quel rôle on sera appelé ? Juste reconnaissance des bienfaits sociaux; plus la société nous crée de droits (suffrage, éligibilité, accès aux charges et fonctions) plus s'accroît le devoir de s'instruire.

Devoir de la société. — L'ignorance est un manque, un danger social; ne peuvent que se heurter ceux qui n'ont pas « allumé leur lanterne intellectuelle » (Jean Macé). Seule, l'instruction lutte contre l'alcoolisme et la criminalité. Elle doit être la plus complète possible; il y a injustice à laisser des facultés sommeiller, puis s'éteindre. Mal adaptée aux besoins, crée les parasites et les déclassés; bien comprise, fait des êtres utiles et bienfaisants.

Organisation de l'instruction. — Divers degrés d'enseignement; leur but : utilisation des facultés de chacun; donc, doivent être rendus accessibles à tous, selon leurs facultés. Primaire, obligatoire et gratuit, le minimum nécessaire; primaire supérieur, secondaire, supérieur. Dans chacun, des spécialisations; par exemple : sections agricoles, industrielles, commerciales des écoles primaires supérieures. De plus, écoles spéciales rendant chacun plus apte à un rôle social qui lui convient : arts et métiers, normales, commerciales, d'agriculture, de pêche... Puis, les enseignements post-scolaires : cours du soir, œuvres d'enseignement, universités populaires. La France est le grand foyer intellectuel.

Règle de conduite. — S'instruire, pour rendre et soi-même et l'organisation sociale plus parfaits.

TROISIÈME CAUSERIE

L'ASSISTANCE PUBLIQUE

Définition. — C'est le fait, pour la société, d'aider tous ses membres à faire valoir leur droit à l'existence, et de réparer les inégalités naturelles et sociales.

Les inégalités naturelles et sociales. — La débilité physique ou intellectuelle, la difformité. Sparte supprimait les débiles ; c'était injustice et sottise : il est probable qu'on recueillera le bénéfice des soins donnés au disgracié par les services qu'il rendra. Les accidents de la vie : chômage et vieillesse qui font les indigents, maladies, accidents qui font des invalides, mort qui fait des veuves et des orphelins. Tares provenant du fait volontaire de l'homme : alcoolisme, vices, peut-être excusables en partie, à cause du milieu, des tentations trop fortes, de l'hérédité.

La société en lutte contre la misère. — C'est son intérêt pour se conserver, se sauvegarder de la misère, mauvaise conseillère, pour rendre possible le concours de tous. C'est son devoir : justice, compassion, charité : aider à la vie. D'abord, soulager la misère présente : hôpitaux, asiles d'aliénés, sanatoriums, bureaux de bienfaisance, secours à domicile, caisses de chômage, subventions aux sinistrés, loi sur les accidents du travail. Prévenir la misère : les enfants assistés, les orphelinats, hospices, pensions, retraites ouvrières. C'est l'œuvre de l'Etat, du département, des communes. Œuvre de tous, puisque tous payent l'impôt qui fait vivre ces fondations.

L'initiative particulière. — De plus en plus considérable, à mesure que se précise l'idée du devoir. Les mutualités, les établissements particuliers à l'aide de contributions, de legs, de dons : caisses des Ecoles, colonies scolaires, œuvre de la bouchée de pain, soupes populaires, vestiaire, secours de loyer, assistance par le travail.

Règle de conduite. — S'associer aux œuvres de bienfaisance, qui sont des œuvres de justice, pour soulager nos frères déshérités.

QUATRIÈME CAUSERIE
LA BONTÉ, LE DÉVOUEMENT

Définition. — Être bon, ce n'est pas se montrer naturellement sensible et pitoyable, mais comprendre qu'on doit sacrifier un peu de soi ou se sacrifier soi-même pour autrui.

La bonté. — Mille manières d'être bon : être à l'école camarade serviable et obligeant ; indulgence, patience ; désintéressement, ne jamais agir par calcul, aider pour aider, faire le bien pour le bien ; ne pas s'emporter contre les méchants ; ne pas haïr ; protéger les malheureux et les faibles.

L'aumône et la charité. — L'aumône, forme primitive de la charité, l'aumône prélève un peu de son superflu. Ne doit pas être seulement un geste, parfois machinal, parfois vaniteux ou intéressé, souvent sans discernement, souvent inefficace. La charité implique l'amour du prochain, la douceur, la discrétion, le tact ; s'ingénie dans les moyens, s'efforce de relever : en donnant, se donner. Car le malheureux est moralement notre égal ; parcourir jusqu'à lui la distance qu'ont mise entre lui et nous les inégalités matérielles.

Le dévouement, le sacrifice. — Se dévouer est une manière d'être constante, un oubli de soi : consacrer son temps, ses soins, sa vie à faire le bien. C'est la vertu des âmes généreuses : le prix Montyon. Le sacrifice est une victoire de l'ange sur la bête, sur l'instinct de conservation, d'autant plus tenace que le péril est plus grand. Peut être réalisé par des êtres frustes et vigoureux : cheval emporté, incendie, guerre. N'est vraiment méritoire que s'il comporte l'adhésion de la raison et de la volonté.

Règle de conduite. — Apprenons à ne goûter de véritable bonheur que dans le bonheur d'autrui

LECTURES

La justice et la charité.

La justice, le respect de la personne dans tout ce qui la constitue, voilà le premier devoir de l'homme envers son semblable. Ce devoir est-il le seul ?

Quand nous avons respecté la personne des autres, que nous n'avons ni contraint leur liberté, ni étouffé leur intelligence, ni attenté à leur famille ou à leurs biens, pouvons-nous dire que nous ayons accompli toute la loi à leur égard ? Un malheureux est là souffrant devant nous. Notre conscience est-elle satisfaite, si nous pouvons nous rendre le témoignage de n'avoir pas contribué à ses souffrances ? Non ; quelque chose nous dit qu'il est bien encore de lui donner du pain, des secours, des consolations.

Il y a ici une importante distinction à faire. Si vous êtes resté dur et insensible à l'aspect de la misère d'autrui, votre conscience crie contre vous ; et cependant cet homme qui souffre, qui va mourir peut-être, n'a pas le moindre droit sur la moindre partie de votre fortune, fût-elle immense ; et, s'il usait de violence pour vous arracher une obole, il commettrait une faute. Nous rencontrons ici un nouvel ordre de devoirs qui ne correspondent pas à des droits. L'homme peut recourir à la force pour faire respecter ses droits : il ne peut pas imposer à un autre un sacrifice, quel qu'il soit. La justice respecte ou elle restitue : la charité donne, et elle donne librement.

La charité nous ôte quelque chose pour le donner à nos semblables. Va-t-elle jusqu'à nous inspirer le renoncement à nos intérêts les plus chers, elle s'appelle le dévouement.

Certes, on ne peut pas dire qu'il ne soit pas obligatoire d'être charitable. Mais il s'en faut que cette obligation soit aussi précise, aussi inflexible que l'obligation d'être juste. La charité, c'est le sacrifice ; et qui trouvera la règle du sacrifice, la formule du renoncement à soi-même ? Pour la justice la formule est claire : respecter les droits d'autrui. Mais la charité ne connaît ni règle ni limite. Elle surpasse toute obligation. Sa beauté est précisément dans sa liberté.

V. COUSIN. *Du vrai, du beau et du bien.* (Perrin et Cⁱ⁰, édit.)

La vie ne peut se maintenir qu'en se répandant.

C'est tout notre être qui est *sociable* ; la vie ne connaît pas les classifications et les divisions absolues des logiciens et des métaphysiciens : elle ne peut pas être complètement *égoïste*, quand même elle le voudrait. Nous sommes ouverts de toutes parts, de toutes parts envahissants et envahis. Cela tient à la loi fondamentale que la biologie nous a fournie : *la vie ne peut se maintenir qu'à condition de se répandre.* Nous ne sommes pas assez pour nous-mêmes ; nous avons plus de larmes qu'il n'en faut pour nos propres souffrances, plus de joies en réserve que n'en justifie notre propre bonheur. Il faut bien aller vers autrui, se multiplier soi-même par la communion des pensées et des sentiments. Ainsi, en notre activité, en notre intelligence, en notre sensibilité, il y a une pression qui s'exerce dans le sens altruiste, il y a une force d'expansion aussi puissante que celle qui agit dans les autres : et c'est cette force d'expansion devenue consciente de son *pouvoir* qui se donne à elle-même le nom de *devoir*.

Vie, c'est fécondité, et réciproquement la fécondité, c'est la vie à pleins bords, c'est la véritable existence. Il y a une certaine générosité inséparable de l'existence, et sans laquelle on meurt, on se dessèche intérieurement. Il faut fleurir ; la moralité, le désintéressement, c'est la fleur de la vie humaine.

J.-M. GUYAU. (Félix Alcan, édit.)

La bonté fraternelle.

. . . . Aimons. Force, aide la faiblesse.
Eclairez qui vous nuit ; guérissez qui vous blesse.
Paix et pardon. Soyez cléments aux criminels.
Le droit des bons, c'est d'être aux méchants fraternels ;
Le juste qui n'a pas d'amour sort du précepte,
Et le soleil n'est plus le soleil, s'il excepte
Les tigres et les loups de son rayonnement.

. . . . , ...
Peuples, aimez. On devient lumineux en aimant.
Ce serait être injuste envers le firmament
Que de répondre aux feux d'en haut par nos ténèbres.
Que l'azur étant pur, les âmes soient funèbres,
C'est mal ; et l'Eternel a fait les vérités,
Les devoirs, les vertus, afin que leurs clartés
Illuminent le sombre intérieur des hommes ;
Et pour que, dans le monde insondable où nous sommes,
Et devant l'infini plein d'invisibles yeux
Les cœurs ne soient pas moins étoilés que les cieux.

V. HUGO.

Les joies de l'étude.

Si, comme je me plais à le croire, l'intérêt de la science est compté au nombre des grands intérêts nationaux, j'ai donné à mon pays tout ce que lui donne le soldat mutilé sur le champ de bataille. Quelle que soit la destinée de mes travaux, cet exemple, je l'espère, ne sera pas perdu. Je voudrais qu'il servît à combattre l'espèce d'affaissement moral qui est la maladie de la génération nouvelle ; qu'il pût ramener dans le droit chemin de la vie quelqu'une de ces âmes énervées qui se plaignent de manquer de foi, qui ne savent où se prendre et vont cherchant partout, sans le rencontrer nulle part, un objet de culte et de dévouement. Pourquoi se dire avec tant d'amertume que, dans le monde constitué comme il est, il n'y a pas d'air pour toutes les poitrines, pas d'emploi pour toutes les intelligences ? L'étude sérieuse

et calme n'est-elle pas là ? et n'y a-t-il pas en elle un refuge, une espérance, une carrière à la portée de chacun de nous ? Avec elle, on tra-
verse les mauvais jours sans en sentir le poids, on se fait à soi-même
sa destinée ; on use noblement sa vie. Voilà ce que j'ai fait et ce que
je ferais encore si j'avais à recommencer ma route ; je prendrais celle
qui m'a conduit où je suis. Aveugle, et souffrant sans espoir et presque
sans relâche, je puis rendre ce témoignage, qui de ma part ne sera
pas suspect : il y a au monde quelque chose qui vaut mieux que les
jouissances matérielles, mieux que la fortune, mieux que la santé elle-
même, c'est le dévouement à la science.   Aug. Thierry.

L'instruction crée la moralité.

En général, la portion pauvre de la société a moins des vices que
des habitudes grossières et funestes à ceux qui les contractent. Une des
premières causes de ces habitudes vient du besoin d'échapper à l'ennui dans les moments de repos, et de ne pouvoir y échapper que par
des sensations, et non par des idées. De là vient, chez presque tous les
peuples, l'usage immodéré de boissons ou de drogues enivrantes,
remplacé chez d'autres, par le jeu ou par les habitudes énervantes
d'une fausse volupté. A peine trouvera-t-on une seule nation séden-
taire chez laquelle il ne règne pas une coutume, plus ou moins mauvaise, née de ce besoin de sensations répétées.

Si, au contraire, une instruction suffisante permet au peuple
d'opposer la curiosité à l'ennui, ces habitudes doivent naturellement
disparaître, et, avec elles, l'abrutissement ou la grossièreté qui en
sont la suite.

Ainsi, l'instruction est encore, sous ce point de vue, la sauvegarde
la plus sûre des mœurs du peuple.   Condorcet.

L'instruction intégrale accessible à tous.

La société sera foncièrement démocratique en ce sens que les
moyens de travailler, de s'instruire, de développer les aptitudes dont
il est doué, doivent être mis également à la portée de chacun de ses
membres; mais elle fera la part légitime à l'aristocratie, à l'aristocratie
vraie, purement personnelle, en ce sens que les plus dignes d'estime
par leur intelligence, leur droiture, leur bonté, leur travail, leurs qualités de tout genre, pourront se mettre hors de pair et conquérir des
situations proportionnées à leur mérite.

Une sélection des meilleurs, portant non plus sur quelques privilé-
giés, mais sur tous les membres de la société, est désirable pour le
bien de chacun et pour la société tout entière. Elle laisse subsister la
libre concurrence avec ce que cette émulation a de stimulant pour l'activité et de fécond pour le progrès général et particulier; seulement, en
égalisant entre les concurrents les conditions du combat, elle empêche
la lutte pour la vie d'être faussée dans ses résultats. Elle permet à une
élite de se former, mais à une élite réelle, non plus factice et nominale.
          G. Renard. *Le régime socialiste.* (Félix Alcan, édit.)

Instruisons tous les hommes.

Un des lieux communs le plus souvent répétés par les esprits vulgaires est celui-ci : « Initier les classes déshéritées de la fortune à une culture intellectuelle réservée d'ordinaire aux classes supérieures de la société, c'est leur ouvrir une source de peines et de souffrances. Leur instruction ne servira qu'à leur faire sentir la disproportion sociale et à leur rendre leur condition intolérable ». C'est là, dis-je, une considération toute bourgeoise, n'envisageant la culture intellectuelle que comme un complément de la fortune et non comme un bien moral. Oui, je l'avoue, les simples sont les plus heureux ; est-ce une raison pour ne pas s'élever ? Oui, ces pauvres gens seront plus malheureux, quand leurs yeux seront ouverts. Mais il ne s'agit pas d'être heureux, il s'agit d'être parfait. Ils ont droit, comme les autres, à la noble souffrance. Songez donc qu'il s'agit de la vraie religion, de la seule chose sérieuse et sainte.

RENAN. L'Avenir de la Science. (Calmann-Lévy, édit.)

Prépondérance intellectuelle de la France.

J'ai cherché longtemps la cause de ma partialité en faveur de la France et je n'ai pu la trouver que dans l'occasion qui la vit naître. Un goût croissant pour la littérature m'attachait aux livres français, aux auteurs de ces livres et au pays de ces auteurs. Au moment même que défilait sous mes yeux l'armée française, je lisais les grands capitaines de Brantôme. J'avais la tête pleine des Clisson, des Bayard, des Lautrec, des Coligny, des Montmorency, des La Trémouille, et je m'affectionnais à leurs descendants comme aux héritiers de leur mérite et de leur courage. A chaque régiment qui passait, je croyais revoir ces fameuses bandes noires qui jadis avaient fait tant d'exploits en Piémont. Enfin j'appliquais à ce que je voyais les idées que je puisais dans les livres ; mes lectures continuées et toujours tirées de la même nation, ranimèrent mon affection pour elle, et m'en firent une passion aveugle que rien n'a pu surmonter. J'ai eu dans la suite occasion de remarquer dans mes voyages que cette impression ne m'était pas particulière et qu'agissant plus ou moins dans tous les pays sur la partie de la nation qui aimait la lecture et qui cultivait les lettres, elle balançait la haine générale qu'inspire l'air avantageux des Français. Les romans leur attachent les femmes de tous les pays ; leurs chefs-d'œuvre dramatiques affectionnent la jeunesse à leurs théâtres. La célébrité de celui de Paris y attire une foule d'étrangers qui en reviennent enthousiastes. Enfin, l'excellent goût de leur littérature leur soumet tous les esprits qui en ont ; et dans la guerre si malheureuse dont ils sortent, j'ai vu leurs auteurs et leurs philosophes soutenir la gloire du nom français ternie par leurs guerriers.

J.-J. ROUSSEAU. Confessions.

Inégalité sociale.

Il y a des misères sur la terre, qui saisissent le cœur. Il manque à quelques-uns jusqu'aux aliments ; ils redoutent l'hiver, ils appréhendent de vivre. L'on mange ailleurs des fruits précoces ; l'on force la terre et les saisons pour fournir à sa délicatesse ; de simples bourgeois, seulement à cause qu'ils étaient riches, ont eu l'audace d'avaler en un seul morceau la nourriture de cent familles...

LA BRUYÈRE.

L'assistance s'impose à la société.

Dans les machines perfectionnées dont se sert l'industrie pour filer le lin, le coton ou la laine, dès qu'un seul fil se brise, le métier s'arrête de lui-même, comme si le tout était averti de l'accident arrivé à l'une des parties et, avant de l'avoir réparé, ne pouvait continuer son travail. C'est l'image de la solidarité qui règnera de plus en plus dans la société humaine. Au milieu de cette trame sociale où s'entre-croisent toutes les destinées individuelles, il faudrait que pas un fil, pas un individu ne fût brisé sans que le mécanisme général fût averti, atteint, forcé de réparer le mal dans la mesure du possible.

A. FOUILLÉE. (Hachette et Cie, édit.)

S'associer, dès l'enfance, aux œuvres d'assistance.

Vous êtes à l'aise et ceux que vous aidez sont malheureux ; mais vous n'êtes pas les auteurs de votre aisance, ils ne sont pas les auteurs de leur misère. Fortune ou infortune, tout cela vous était préparé dès avant votre naissance ; l'argent de vos aumônes et de vos plaisirs, vos habits, votre déjeuner, votre lit, la tranquillité de votre maison et de votre jardin, la santé même et le caractère doux qui vous rend la vie facile, vous avez reçu tout cela de vos parents en même temps que votre layette de nouveau-nés, sans l'avoir mérité. Les petits pauvres, eux, ont reçu la misère, le jeûne, les guenilles, un corps mal bâti et souffreteux, une grande difficulté à bien faire et même à sourire, quelquefois le vice ; et pourquoi ? Parce que, longtemps avant leur naissance, ils ont eu un grand-père ivrogne ou mal chanceux, ou tué jeune dans un accident. Ils sont partis du pied gauche et vous du pied droit ; ils n'ont, pas plus que nous, mérité ce qui leur arrive. C'est la Destinée, comme on l'appelle, qui a fait le partage, la Destinée, chose qui paraît affreuse et qui certainement est un grand mystère.

Eh bien ! votre œuvre charitable à vous, mes amis, sur qui le bonheur a lui pendant que les peines pleuvaient sur eux, est un premier essai timide pour remettre un peu d'équilibre dans cette distribution trop inégale. Vous n'avez pas gagné vous-mêmes ce que vous partagez avec ces petits dolents et affamés ; vous puisez les moyens de les secourir dans une bourse que vous n'avez pas remplie du travail de vos bras ; et le pain que vous donnez, vous ne vous le retirez pas de la bouche, puisque vous êtes sûrs de votre dîner et de votre gîte ; vos parents y pourvoient. Vous avez donc moins de mérite que le donateur, homme fait, qui a appris la valeur de l'argent par la peine avec laquelle il l'a gagné... Mais, grâce à vous, je vois la Société, oui, notre Société, à nous les grandes personnes, découvrant l'énorme et intolérable injustice des conditions par l'entremise de ces claires petites consciences d'enfants, justes comme une balance que rien n'a faussée, pu 's vous choisissant comme des répartiteurs intègres des biens qu'elle vou 's a transmis et auxquels vous ne tenez pas encore trop âprement parce que vous ne les avez pas gagnés.

PAUL DESJARDINS. *Discours à la Ligue fraternelle des enfants de France*, 50, rue Saint-André-des-Arts, Paris. (*Bulletin de la Ligue*, 1897.)

L'aumône, c'est votre argent, la charité, c'est vous.

Il ne s'agit point d'épuiser sa bourse et de verser l'argent à pleines mains : je n'ai jamais vu que l'argent fît aimer personne. Il ne faut point être avare et dur, ni plaindre la misère qu'on peut soulager ; mais vous aurez beau ouvrir vos coffres : si vous n'ouvrez aussi votre cœur, celui des autres vous restera toujours fermé. C'est votre temps, ce sont vos soins, vos affections, c'est vous-même qu'il faut donner ; car, quoi que vous puissiez faire, on sent toujours que votre argent n'est point vous. Il y a des témoignages d'intérêt et de bienveillance qui font plus d'effet et sont réellement plus utiles que tous les dons. Combien de malheureux, de malades ont plus besoin de consolations que d'aumônes ! Combien d'opprimés à qui la protection sert plus que l'argent !

Raccommodez les gens qui se brouillent ; prévenez les procès ; portez les enfants au devoir, les pères à l'indulgence ; empêchez les vexations ; employez, prodiguez le crédit en faveur du faible à qui on refuse justice et que le puissant accable. Déclarez-vous hautement le protecteur des malheureux. Soyez juste, humain, bienfaisant. Ne faites pas seulement l'aumône ; faites la charité. Les œuvres de miséricorde soulagent plus de maux que l'argent. Aimez les autres et ils vous aimeront ; servez-les et ils vous serviront. Soyez leur père et ils seront vos enfants.

J.-J. ROUSSEAU.

La véritable charité.

La charité n'est pas un goût aveugle et bizarre, une inclination naturelle, une sympathie d'humeur et de tempérament : c'est un devoir juste, éclairé, raisonnable. Ce n'est pas aimer proprement nos frères, que de ne les aimer que par goût ; c'est s'aimer soi-même. Car le goût change sans cesse, et la charité ne meurt jamais : le goût ne se cherche que lui-même ; et la charité ne cherche pas ses propres intérêts, mais les intérêts de ce qu'elle aime : le goût n'est pas à l'épreuve de tout, d'une perte, d'un procédé, d'une disgrâce ; et la charité est plus forte que la mort : le goût n'aime que ce qui l'accommode, et la charité s'accommode à tout et souffre tout pour ce qu'elle aime : le goût est aveugle, et nous rend souvent aimables les vices mêmes de nos frères ; et la charité n'applaudit jamais à l'iniquité, et n'aime dans les autres que la vérité. Le même goût qui lie les cœurs, souvent un instant après les sépare ; mais les liens formés par la charité durent éternellement.

MASSILLON.

Il faut s'ingénier à faire le bien.

Ayez de la pitié pour les pauvres qui parfois sont dominés par l'impatience et le désespoir. Pensez donc que c'est chose très pénible de souffrir la misère sur les grands chemins ou dans une chaumière, tandis qu'à quelques pas de ce pauvre désolé passent des hommes bien vêtus et bien nourris. Pardonnez-lui s'il a la faiblesse de vous regarder avec des yeux d'envie, venez à son secours parce qu'il est homme.

Respectez le malheur dans tous ceux qui en souffrent les atteintes, quand même ils ne seraient pas plongés dans une indigence absolue, quand même ils ne vous demanderaient aucun secours.

Que celui qui vit dans la gêne, dans la souffrance et dans un état d'infériorité vis-à-vis de vous trouve en vous des regards affectueux et compatissants ; ne lui faites pas sentir avec arrogance la différence de votre fortune, ne l'humiliez pas par des paroles acerbes, quoi qu'il vous déplaise par un peu de rudesse ou quelque autre défaut.

Rien n'est consolant pour le malheureux comme de se voir traité avec égards et bienveillance par ses supérieurs ; son cœur se remplit de reconnaissance, et alors il conçoit pourquoi le riche est riche, et il lui pardonne sa prospérité, parce qu'il l'en juge digne.

Soyez libéral de toutes sortes de soulagements envers qui en a besoin ; de l'argent, des protections quand vous le pouvez, des conseils dans les circonstances opportunes, de bonnes manières et de bons exemples toujours.

SILVIO PELLICO.

Le sacrifice.

Plus l'être humain deviendra conscient, plus il aura conscience de la nécessité inhérente à la fonction qu'il accomplit dans la société humaine, plus il se verra et se comprendra lui-même dans son rôle d'être social. Un fonctionnaire sans reproche est toujours prêt à risquer sa vie pour accomplir la fonction qui lui est dévolue, fût-ce la simple fonction de garde champêtre, de douanier, de cantonnier, d'employé de chemin de fer ou de télégraphe ; celui-là serait inférieur à ces très humbles employés qui ne se sentirait pas capable de braver lui aussi la mort à un moment donné. On peut se juger soi-même et juger son idéal en se posant cette question : pour quelle idée, pour quelle per-

sonne serais-je prêt à risquer ma vie ? Celui qui ne peut pas répondre
à une telle interrogation a le cœur vulgaire et vide ; il est incapable de
rien sentir et de rien faire de grand dans la vie, puisqu'il est incapable de
dépasser son individualité ; il est impuissant et stérile, traînant son moi
égoïste comme la tortue sa carapace. Au contraire, celui qui a présente
à l'esprit la pensée de la mort en vue de son idéal, cherche à maintenir
cet idéal à la hauteur de ce sacrifice possible ; il puise dans ce risque
suprême une tension constante, une infatigable énergie de la volonté.
Le seul moyen d'être grand dans la vie, c'est d'avoir la conscience
qu'on ne reculera pas devant la mort.

Lorsque certaines alternatives se posent, l'être moral a le sentiment
d'être saisi dans un engrenage : il est lié, il est captif du devoir ; il ne
peut se dégager et n'a plus qu'à attendre le mouvement du grand mécanisme social ou naturel qui doit le broyer. Il s'abandonne, en regret-
tant peut-être d'avoir été la victime choisie. La nécessité du sacrifice,
dans bien des cas, est un mauvais numéro ; on le tire pourtant, on le
place sur son front, non sans quelque fierté, et on part.

J.-M. GUYAU. *Esquisse d'une morale sans obligation ni sanction.*
(Félix Alcan, édit.)

CHAPITRE VI

LA FAMILLE

PREMIÈRE CAUSERIE
LA FAMILLE ET LA SOCIÉTÉ

Définition. — La famille est l'unité sociale primitive. C'est, au sein de la société, un groupement où l'affection atténue les droits et rend plus faciles des devoirs plus étroits.

La famille dans l'antiquité. — Un seul droit, celui du père de famille. Droit de mort sur la femme et l'enfant. La femme passe de la dépendance de son père, de ses oncles ou autres parents mâles, à celle de son mari, de ses fils, des plus proches parents; rôle effacé dans le gynécée : filer la laine. Le fils peut être vendu, racheté, revendu. Nul souci de la personne morale.

Le respect de la femme, base de la société moderne. — Respectable d'abord parce que longtemps méconnue et faible. Voir en elle la sœur, la mère, l'éducatrice, l'honneur de la famille. Elle a les vertus humbles : ordre, économie, convenances, délicatesse. Plus respectable encore quand elle est vouée aux labeurs pénibles et dégradants.

La famille n'est pas une société exclusive. — Erreur ancienne du dogme de la noblesse, caste fermée. Une famille n'est pas une personnalité. Elle ne peut échapper, pas plus que l'individu, à la solidarité générale. La société n'est que la somme des familles; donc, pas de cloisons étanches entre elles. La famille est le lien concret entre l'individu et la collectivité impersonnelle. C'est l'aiguillon matériel et moral qui rendra la société plus puissante et plus prospère. N'est-ce pas le mot père qui a formé le mot patrie ?

La famille est soumise à l'ordre social. — La loi solennise les contrats qui constituent la famille et y énumère les droits essentiels de chacun. Elle sauvegarde parfois ces droits : salaire et dot de la femme, séparation de biens et de corps, divorce ; obligation scolaire, protection de l'enfant contre les sévices, actes respectueux.

Règle de conduite. — Élargissons nos cœurs.

DEUXIÈME CAUSERIE

LES ÉPOUX, LES PARENTS, LES ENFANTS

Définition. — La famille groupe en une union intime et cordiale au moins les époux, les parents et les enfants, les grands-parents.

Les époux. — Moralement égaux. Mêmes devoirs : respecter la parole donnée, s'aider, s'assister. Mêmes vertus : affection, bonne entente, abnégation. Mais les aptitudes naturelles créent des fonctions différentes ; danger de confondre les attributions : femmes médecins, avocats, employées. Poursuivre le même but mais par des voies distinctes : prospérité et joie du foyer.

L'autorité maritale. — Légale, mais bien plutôt morale, juste et sage. Pourquoi cette autorité ? Se fonde sur l'initiative et l'expérience plus grandes, les connaissances pratiques, la force pour protéger, supporter les soucis et assumer les responsabilités. Par là, supériorité sociale de l'homme marié sur le célibataire, toujours suspect d'égoïsme.

Parents et enfants. — Les parents donnent la vie ; ils doivent la développer physiquement, intellectuellement, moralement. Élever l'enfant pour lui, pour son avenir, non pour soi ; ne pas le gâter. L'autorité est plutôt une influence morale, ferme, mais juste et raisonnable ; prêcher d'exemple. — Reconnaissance de l'enfant qui ne saurait jamais s'acquitter et doit soigner, secourir. Respect. Obéissance sans laquelle la tâche des parents deviendrait impossible ; d'ailleurs, c'est « pour votre bien » que commandent l'âge et l'expérience souvent acquise au prix de rudes épreuves. Ne pas affliger ses parents ; chercher à leur faire plaisir. Ne jamais rougir d'une origine basse : c'est le fait d'un cœur gangrené, d'un caractère faible, c'est sottise, puisqu'on est ainsi fils de ses œuvres. — Amour paternel, amour filial.

Les enfants entre eux. — S'aimer, sinon ce serait affliger les parents. Au reste, même sang, mêmes ressemblances, mêmes intérêts matériels et moraux, même traitement. Égalité parfaite.

Être poli et respectueux, complaisant; concessions et services réciproques. Action et réaction : échange de qualités; redresser doucement les défauts. Consentir gaiement tous les sacrifices; que la vie ne vous sépare pas. Respecter davantage l'aîné, qui peut-être deviendra chef de famille.

Règle de conduite. -- S'efforcer d'être toujours le trait d'union familial.

TROISIÈME CAUSERIE
ESPRIT ET VERTUS DE FAMILLE

Définition. — L'esprit de famille, c'est la ferme volonté de rester uni aux siens par une affection constante, de les aider, et de ne pas démériter d'eux.

Éléments de l'esprit de famille. — Traditions et souvenirs; souffrances et joies communes; sentiments partagés; habitudes. Le foyer, le clocher, le pays natal.

L'esprit de famille ne doit pas être exclusif. — La famille n'est pas un être unique, mais une réunion d'êtres. L'un n'a pas à épouser les querelles et les passions des autres (vendetta corse); l'un ne doit pas être rendu responsable des fautes des autres. Mais que l'esprit de famille ne fasse pas fermer les yeux sur les défaillances individuelles; qu'il n'exagère pas les mérites de façon à créer un égoïsme de famille : les fils à papa, le népotisme.

Les vertus de famille. — Le travail : le père y donne le bon exemple, assure le présent et l'avenir. La solidarité : la famille vit pour ses membres. Égalité entre les enfants. Notion de l'honnêteté et du devoir; pratique des affections désintéressées.

La vie de famille est l'apprentissage de la vie sociale. — Le respect de l'autorité paternelle apprend l'obéissance aux chefs et aux lois justes. Exemple du travail enseigne effort et courage. Reconnaissance envers la société comme envers les parents. Conclure de l'affection désintéressée au dévouement sans calcul; des frères à la fraternité sociale; de la solidarité familiale à la solidarité sociale; de l'amour de la famille à l'amour de l'humanité.

Règle de conduite. — Se régler sur le mot d'Abraham Lincoln qu'on appelait grand homme : « Dites plutôt que j'ai été un bon fils. »

QUATRIÈME CAUSERIE

VALEUR SOCIALE DES VERTUS PRIVÉES

Définition. — Nos vertus accroissent, en même temps que notre valeur morale, notre valeur sociale; elles réalisent, dans la vie collective, une plus grande somme de bien.

La loyauté. — Vertu éminemment sociale ; la bonne foi, raison d'être de la société. Respectons la vérité dans nos paroles, nos engagements, nos actes. Résultats : la sécurité, la confiance, les conflits écartés.

Le travail. — Plutôt créateur de vertu qu'il n'est vertu lui-même ; devoir de justice. Le paresseux, l'oisif, causent un préjudice aux autres, sont parasites et voleurs, sans dignité, puisqu'ils sont redevables et ne s'acquittent pas. Le travailleur paye gaîment sa dette, assure l'harmonie et la prospérité sociales, coopère au progrès.

La tempérance. — Tout excès nuit à autrui, détruit l'équilibre. Donc, proportionner ses désirs à ses moyens, souhaiter seulement ce dont on est capable, ne pas être insatiable. Proscrire l'ambition, l'amour immodéré de l'argent.

Le courage. — Lutte pour ce qui est équitable, contre ce qui est injuste. Vie privée : réfréner l'égoïsme, ne pas murmurer contre le sort, supporter l'injure sans colère, braver les préjugés. Vie publique : affronter l'opinion publique injuste, la tyrannie; s'oublier jusqu'au dévouement et au sacrifice. On s'élève par là de la justice à la charité.

L'épargne. — Vertu individuelle qui profite à tous. Ne pas épargner, c'est ne pouvoir parer aux accidents possibles, être obligé de recourir aux autres. Celui qui épargne prévoit l'avenir, le prépare, songe aux siens, rend possible pour lui l'entr'aide, la charité, accroît la prospérité et la richesse sociales.

La charité. — Répare les inégalités naturelles et sociales, agrandit la justice, rapproche les personnes et les cœurs. Être indulgent aux méchants, les éclairer, les relever; être bon pour les malheureux, compatir et se dévouer.

Règle de conduite. — Soyons vertueux, pour amener les autres à la vertu par la contagion du bon exemple.

LECTURES

Nécessité de la famille.

Une famille est une société naturelle, d'autant plus stable, d'autant mieux fondée, qu'il y a plus de besoins, plus de causes d'attachement. Bien différent des animaux, l'homme n'existe presque pas encore lorsqu'il vient de naître; il est nu, faible, incapable d'aucun mouvement, privé de toute action, réduit à tout souffrir; sa vie dépend des secours qu'on lui donne. Cet état de l'enfance imbécile, impuissante, dure longtemps; la nécessité du secours devient donc une habitude, que seul serait capable de produire l'attachement mutuel de l'enfant et des père et mère; mais comme, à mesure qu'il avance, l'enfant acquiert de quoi se passer plus aisément de secours, comme il a physiquement moins besoin d'aide, que les parents, au contraire, continuent à s'occuper de lui beaucoup plus qu'il ne s'occupe d'eux, il arrive toujours que l'amour descend beaucoup plus qu'il ne remonte; l'attachement des père et mère devient excessif, aveugle, idolâtre, et celui de l'enfant reste tiède, et ne reprend des forces que lorsque la raison vient à développer le germe de la reconnaissance.

BUFFON.

Joies de la vie domestique.

L'habitude la plus douce qui puisse exister est celle de la vie domestique, qui nous tient plus près de nous qu'aucune autre; rien ne s'identifie plus fortement, plus constamment avec nous, que notre famille et nos enfants; les sentiments que nous acquérons et que nous renforçons dans ce commerce intime sont les plus vrais, les plus durables, les plus solides qui puissent nous attacher aux êtres périssables, puisque la mort seule peut les éteindre, au lieu que l'amour et l'amitié vivent rarement autant que nous. Ils sont aussi les plus purs, puisqu'ils tiennent de plus près à la nature, à l'ordre, et, par leur seule force, nous éloignent du vice et de goûts dépravés. J'ai beau chercher où trouver le vrai bonheur, s'il en est sur la terre, ma raison ne me le montre que là... Les comtesses ne vont pas d'ordinaire l'y chercher, je le sais; elles ne se font pas nourrices et gouvernantes; mais il faut aussi qu'elles sachent se passer d'être heureuses; il faut que, substituant leurs bruyants plaisirs au vrai bonheur, elles usent leur vie dans un travail de forçats pour échapper à l'ennui qui les étouffe aussitôt qu'elles respirent... Encore une fois, si l'idée d'un ménage bourgeois vous dégoûte, et si l'opinion vous subjugue, guérissez-vous de la soif du bonheur qui vous tourmente, car vous ne l'étancherez jamais.

J.-J. ROUSSEAU.

Le rôle de la femme dans la famille et dans la société.

Pauvres ou riches, mariées ou libres, les femmes ont de l'influence sur la vie privée. Le bonheur des familles dépend d'elles en grande partie.,. Perfectionner la vie privée, l'animer, l'embellir, la sanctifier, c'est là une grande et noble carrière... Les femmes, selon nous, sont institutrices-nées, car tandis qu'elles ont immédiatement entre les mains la moralité des enfants, ces futurs souverains de la terre, l'exemple qu'elles peuvent donner, le charme qu'elles peuvent répandre sur la destinée des autres âges, leur fournissent des moyens d'amélioration de tous les moments. Sous le toit domestique se forment ces opinions et ces mœurs qui soutiennent les institutions ou qui en préparent la chute. Tout ce qui dans l'organisation politique ne se fonde pas sur les vrais intérêts de la famille, dépérit bientôt ou ne produit que du mal. Et comme ces intérêts sont pour la plupart confiés aux femmes; comme ils le sont d'autant plus que l'attention des hommes s'est portée ailleurs; comme dans l'ordre matériel, c'est aux femmes que sont dévolus les soins et la conservation des fortunes, et que dans l'ordre spirituel ce sont elles qui communiquent et raniment les sentiments, vie de l'âme, modèles éternels des actions, — il leur est assigné un rôle obscur peut-être, mais immense, — dans les vicissitudes de la destinée qui se déploient sous nos yeux.

Mme NECKER DE SAUSSURE.

La femme, dans la société, représente le cœur.

Ce qu'on doit se proposer dans l'éducation de la femme, c'est de communiquer le plus de connaissances nécessaires et belles, en usant le moins de forces cérébrales. La femme a dans la famille un rôle auquel elle ne peut jamais se soustraire : elle doit faire l'éducation morale et physique des enfants. C'est à cette fonction que nous devons le mieux la préparer.

A la mère incombe surtout la tâche de développer le cœur. Le respect attendri de l'enfant est une piété. C'est le grand art de la mère que de condenser toute la moralité dans l'amour filial, qui en est nécessairement la première forme. La crainte de « faire de la peine à sa mère » est le premier remords de l'enfant, il est longtemps le seul ; il faut que ce remords naïf soit affiné par les soins de la mère, rendu profond comme l'amour, et que dans cette formule rentrent les sentiments les plus hauts. Le cœur de sa mère est sa conscience; il faut donc en effet que ce cœur soit toute la conscience humaine en raccourci.

La femme représente dans la psychologie humaine l'être en qui sont le plus vivaces et le plus puissants tous les sentiments de pitié, d'affection, d' « altruisme », de dévouement ; elle devrait être la tendresse vivante, la sœur de charité de tout homme. Faire de la philanthropie est tout à fait son rôle. C'est la science de toutes les institutions bienfaisantes, c'est la science des directions dans lesquelles il faut marcher pour soulager tous les maux humains, alléger un peu la grande misère éternelle. C'est par la philanthropie que la femme devrait aborder l'économie politique.   J.-M. GUYAU. (Félix Alcan, édit.)

L'union conjugale est une harmonie.

L'union conjugale se fortifie par le concert des âmes. Les médecins prétendent que, dans les coups que l'on reçoit, il y a répercussion de la gauche à la droite ; de même, la femme doit ressentir tout ce que ressent son mari et inversement... Ils ne doivent rien obtenir l'un de l'autre par les querelles et les disputes, mais par la seule persuasion.

Vouloir mener son mari et l'efféminer pour en être le maître, plutôt que de lui obéir sagement, c'est faire comme ceux qui aimeraient mieux conduire un aveugle que de suivre un homme muni de ses deux yeux et sachant son chemin... Dans un concert où deux voix se marient, c'est la voix grave qui domine ; de même, dans un ménage bien réglé, tout se fait d'un commun accord entre le mari et la femme, mais sous la direction et par le conseil du mari...

PLUTARQUE. *Préceptes de mariage*, trad. Gréard : *La morale de Plutarque*, p. 96 et 599. (Hachette et Cⁱᵉ, édit.)

Paternité et éducation.

Beaucoup de gens élèvent leurs enfants non pour les enfants mêmes, mais pour eux. J'ai connu des parents qui ne voulaient pas marier leur fille, afin de ne pas se séparer d'elle ; d'autres qui ne voulaient pas que leur fils prît tel ou tel métier, parce que ce métier leur déplaisait à eux. Les mêmes règles dominaient toute leur conduite envers leurs enfants. C'est l'éducation égoïste. Il est une autre sorte d'éducation qui prend pour but non plus le plaisir du père, mais le plaisir du fils apprécié par le père. Ainsi un paysan, qui a passé toute sa vie au soleil, considérera comme un devoir d'épargner à son fils le travail de la terre ; il l'élèvera pour en faire un petit bureaucrate, un pauvre fonctionnaire étouffant dans son bureau, qui s'en ira mourir phtisique dans quelque ville. La vraie éducation est désintéressée : elle élève l'enfant pour lui-même, elle l'élève aussi et surtout pour la patrie, pour l'humanité entière.

J.-M. GUYAU. (Félix Alcan, édit.)

Il faut conduire les enfants par la raison.

Il y a des pères qui traitent souvent leurs enfants avec empire ; ils ne leur rendent jamais justice ; ils les outragent sans sujet ; au lieu de les soumettre à la raison après les avoir éclairés, ils s'imaginent que la loi inviolable d'un enfant, c'est la volonté d'un père. Mais, le père mort, quelle sera la loi du fils ? Ce sera sans doute sa volonté propre, car on ne lui aura point appris qu'il y a une loi immortelle, l'ordre immuable ; on ne l'aura point accoutumé à y obéir. Le fils n'attendra pas même le décès du père, sa vieillesse, son impuissance à le tenir dans la servitude, pour se faire à lui-même sa loi. Il la trouvera naturellement dans ses plaisirs, car cette loi injuste et brutale vaut peut-être encore mieux que les volontés d'un père déraisonnable ; du moins est-elle plus agréable et plus commode. Un jeune homme en demeurera convaincu dès qu'il en aura goûté la douceur. Et alors, que le père soit mort ou vivant, le jeune homme trouvera bien moyen d'obéir à cette loi et de se soumettre à ses charmes.

Il regardera son père comme son ennemi et son tyran, s'il a encore assez de fermeté pour le troubler dans ses plaisirs, et l'inquiéter dans ses débauches ; et convaincu par l'exemple et la conduite du père qu'il faut que tout obéisse à nos désirs, il fera servir toutes les personnes à qui il aura le droit de commander, à les satisfaire ; car, encore un coup, il se sentira actuellement heureux en s'abandonnant aux plaisirs, et il n'aura point assez d'éducation et d'expérience pour en appréhender les suites funestes.

Il faut donc conduire les enfants par la raison, autant qu'ils en sont capables. Ils ont tous les mêmes inclinations que les hommes faits, quoique les objets de leurs désirs soient différents, et ils ne seront jamais solidement vertueux, s'ils ne sont accoutumés à obéir à une loi qui ne meurt pas, si leur esprit, formé sur la raison universelle, n'est réformé sur cette même raison rendue sensible par la loi. Qu'un père ne s'imagine pas que sa qualité de père lui donne sur son fils une souveraineté absolue et indépendante.

MALEBRANCHE.

Le devoir filial.

Honorez, aimez le père qui vous a transmis sa vie, la mère qui vous a nourris dans son sein et allaités de ses mamelles. Y a-t-il un être plus maudit que celui qui brise le lien d'amour et de respect établi par Dieu même entre lui et ceux desquels il tient le jour ?

Vous êtes à vos parents un grand sujet de soucis. N'ont-ils pas sans cesse devant les yeux vos besoins de toute sorte, et ne faut-il pas qu'ils fatiguent sans cesse afin d'y subvenir ? Le jour, ils travaillent pour vous ; et la nuit encore, pendant que vous reposez, souvent ils veillent pour n'avoir pas, le lendemain, à vous répondre quand vous leur demanderez du pain : « Attendez, il n'y en a pas. »

Si vous ne pouvez pas maintenant partager leur tâche, efforcez-vous au moins de la leur rendre moins rude par le soin que vous prendrez de leur complaire et de les aider, selon votre âge, avec une tendresse toute filiale.

Vous manquez d'expérience et de raison : il est donc nécessaire que vous soyez guidés par leur raison et leur expérience, et ainsi, vous devez leur obéir, prêter à leurs conseils, à leurs enseignements une oreille docile. Les petits mêmes des animaux n'écoutent-ils pas leur père et leur mère ; et ne leur obéissent-ils pas à l'instant lorsqu'ils les appellent, ou les reprennent, ou les avertissent de ce qui leur nuirait ? Faites par devoir ce qu'ils font par instinct.

Il vient un temps où la vie décline, où le corps s'affaiblit, les forces s'éteignent : enfants, vous devez alors à vos vieux parents les soins que vous reçûtes d'eux dans vos premières années. Qui délaisse son père et sa mère en leurs nécessités, qui demeure sec et froid à la vue de leurs souffrances et de leur dévouement, je vous le dis en vérité, son nom est écrit au livre du souverain juge parmi ceux des parricides.

LAMENNAIS.

Nos vertus sont la récompense de nos parents.

Mon enfant, tu es mon tout sur la terre. C'est pour toi que j'aime
à vivre; c'est pour toi que j'ai souffert plus pour ainsi dire que je ne
pouvais supporter. Il dépend de toi maintenant de me récompenser de
tout par la plus grande joie ou de jeter sur ma vie un malheur irrémé-
diable. Car c'est ce qui arrivera certainement si tu ne te prépares pas,
avec zèle et assiduité, à une carrière convenable. Sois tranquille,
appliqué, réfléchi, propre et obéissant. Déshabitue-toi de ce qu'il y a
de grossier dans les mœurs du paysan et apprends à te conduire en
toute chose avec convenance.

PESTALOZZI.

Honorez la vieillesse de vos parents.

Ouvrez souvent votre âme à cette pensée triste, mais féconde en
enseignements : — « Ces têtes blanches qui sont là devant moi, qui
sait si bientôt elles ne dormiront pas dans la tombe! » — Ah! tandis
que vous avez le bonheur de les voir, honorez-les et cherchez-leur des
consolations à ces maux de la vieillesse dont le nombre est si grand!
Leur grand âge ne les porte déjà que trop à la tristesse; ne contri-
buez jamais à les attrister.
Que vos manières avec eux, que toute votre conduite à leur égard
soient toujours si aimables, qu'il suffise de votre vue pour les ranimer
et les réjouir. Chaque sourire que vous rappelez sur leurs lèvres
antiques, chaque contentement que vous exciterez en leur cœur, sera
pour eux le plus salutaire des plaisirs.

SILVIO PELLICO.

Deux frères.

J'avais cinq ans. La plus ancienne joie dont je me souviens fut de
voir mon beau petit frère endormi dans son berceau. Dès qu'il put
marcher, je devins son protecteur; dès qu'il put parler, il me consola,
car l'affliction et la douleur n'épargnèrent pas mes jeunes ans. Que de
jours sombres changés en jours d'allégresse, parce que cet enfant m'a
aimé! Que d'heures pénibles, pleines de mauvais conseils et promises
au mal, ont été abrégées par sa présence, et terminées innocemment
dans les douces fêtes du cœur! Nous allions ensemble à l'école, nous
revenions ensemble au logis; le matin, je portais le panier, parce que
nos provisions le rendaient plus lourd; c'était lui qui le portait le soir.
Toujours nous faisions cause commune. Je ne le laissais point insulter;
et lui, quand j'avais quelque affaire, sans s'informer du sujet de la
querelle, sans considérer ni la taille ni le nombre de mes ennemis, il
m'apportait résolument le concours de ses petits poings, et je devenais
tout à la fois accommodant et redoutable, tant je tremblais qu'il
n'attrapât des coups dans la bagarre. Certes, je n'ai pas subi de puni-

tion qui ne l'ait indigné comme une grande injustice. Si j'étais au pain sec, il savait bien me garder la moitié de ses noix et la moitié de sa moitié de pomme. Une fois, il vint en pleurant ; et pourtant il apportait un morceau de sucre, un grapillon de raisin et quelque reste de rôti. Festin de roi! Je m'informai de ce qui le faisait pleurer : « Ah ! me dit-il, la soupe était si bonne, mon frère ! » Je l'appelais Eugène ; mais lui ne me donnait pas mon nom, et ne me parla pas ni ne parla jamais de moi qu'en disant : « Mon frère. » Telle était notre mutuelle affection, que les préférences dont son caractère et sa gentillesse étaient l'objet, ne le rendaient pas orgueilleux, ni moi jaloux.

Nous avons grandi, nous avons vieilli, nous tenant par la main et par le cœur. Présentement, nous sommes en âge d'hommes, et notre enfance n'a point cessé. Nous sommes encore ces deux frères qui se rendaient à l'école ensemble, portant leurs provisions dans le même panier, ayant les mêmes adversaires, les mêmes soucis, la même fortune et les mêmes plaisirs ; l'un ne peut souffrir, que l'autre ne pleure; l'un ne peut se réjouir, que l'autre ne soit heureux ; l'un ne peut tenter une aventure, que l'autre n'en coure les chances aussitôt...

Nos caractères, quoique différents, se touchent et s'enlacent dans une constante harmonie : aucune dissonance ni de goûts, ni de volontés, ni de désirs. Il est toujours mon conseiller, et il me croit toujours son guide; il connaît toujours mes défauts, et il ne les voit jamais; il m'aide à réparer mes erreurs, et je ne sais s'il pense que j'ai pu me tromper.

J'ai donc un ami qui me défend, un ami dont mon bonheur est le plus cher désir, et qui est prêt à tous les sacrifices pour me rendre heureux ; qui sera toujours satisfait de ma prospérité, qui me restera fidèle en toutes mes disgrâces, que tous mes torts trouveront indulgent, et toutes mes peines compatissant ; et cet ami que j'ai en mon frère, mon frère l'a en moi.

Louis Veuillot. *Les libres penseurs.* (P. Lethielleux, édit.)

Les enfants apprennent la morale dans la famille.

Quand vos enfants auront reçu de vous la nourriture du corps, ne croyez pas avoir rempli tous vos devoirs envers eux. Vous avez à en faire des hommes ; et qu'est-ce que l'homme, si ce n'est un être moral et intelligent ? Qu'ils apprennent donc de vous à discerner le bien du mal, à aimer l'un et à l'accomplir, à fuir l'autre et à le détester.

Reprenez-les de leurs fautes, mais sans colère et sans violence brutale, avec une fermeté affectueuse et calme. Qu'ils ne trouvent, par vos soins, qu'amertume sur la route du vice.

Cultivez dès le plus jeune âge et développez en eux les instincts élevés de notre nature, sur lesquels se fonde l'existence sociale, le sentiment de la justice et de l'ordre, de la commisération et de la charité.

L'enseignement donné sur les genoux d'une mère et les leçons paternelles, confondus avec les souvenirs pieux et doux du foyer domestique, ne s'effacent jamais de l'âme entièrement.

Et ne vous figurez pas que des discours soient tout. Quels que soient vos conseils et vos exhortations, ils demeureront stériles si vos œuvres n'y répondent.

Vos enfants seront tels que vous, corrompus ou vertueux, selon que vous serez vous-mêmes vertueux ou corrompus.

Comment seraient-ils probes, compatissants, humains, si vous manquez de probité, si vous êtes sans entrailles pour vos frères? Comment conserveraient-ils leur innocence native, si vous ne craignez point de blesser devant eux la pudeur par des actes indécents ou d'obscènes paroles!

Vous êtes le modèle vivant sur lequel se formera leur nature flexible. Il dépend de vous de faire d'eux ou des hommes ou des brutes.

LAMENNAIS.

Les vertus familiales font les vertus sociales.

O mon père et ma mère ! ô mes chers disparus, qui avez si modestement vécu dans cette petite maison, c'est à vous que je dois tout. Tes enthousiasmes, ma vaillante mère, tu les as fait passer en moi. Si j'ai toujours associé la grandeur de la science à la grandeur de la patrie, c'est que j'étais imprégné des sentiments que tu m'avais inspirés. Et toi, mon cher père, dont la vie fut aussi rude que ton rude métier, tu m'as montré ce que peut faire la patience dans les longs efforts. C'est à toi que je dois la ténacité dans le travail quotidien ; non seulement tu avais les qualités persévérantes qui font les vies utiles, mais tu avais aussi l'admiration des grands hommes et des grandes choses. Regarder en haut, apprendre au delà, chercher à s'élever toujours, voilà ce que tu m'as enseigné. Je te vois encore, après ta journée de labeur, lisant le soir quelque récit de bataille, d'un de ces livres d'histoire contemporaine qui te rappelaient l'époque glorieuse dont tu avais été témoin. En m'apprenant à lire, tu avais le souci de m'apprendre la grandeur de la France.

Soyez bénis l'un et l'autre, mes chers parents, pour ce que vous avez été, et laissez-moi vous reporter l'hommage fait aujourd'hui à cette maison.

PASTEUR. *La vie de Pasteur*, par Vallery-Radot. (Hachette et Cⁱᵉ, édit.)

Véracité et loyauté.

L'homme que j'appelle vrai est solidement vrai même contre son intérêt, quoiqu'il se pique assez peu de l'être dans les conversations oiseuses. Il est vrai en ce qu'il ne cherche à tromper personne, qu'il est aussi fidèle à la vérité qui l'accuse qu'à celle qui l'honore et qu'il n'en impose jamais pour son avantage, ni pour nuire à son ennemi. Tout discours qui produit pour quelqu'un profit ou dommage, estime ou mépris, louange ou blâme, contre la justice et la vérité, est un mensonge qui, jamais, n'approchera de son cœur, ni de sa bouche, ni de sa plume.

J.-J. ROUSSEAU.

La bonté quotidienne.

Si l'on n'est pas souvent à portée de rendre de grands services, il n'est point de jours où l'on ne puisse travailler à rendre la situation de quelqu'un meilleure : en société, le désir d'obliger qui va au devant de tous les désirs ; en famille, la douceur qui procure la paix, et la sagesse qui la conserve. Puis, donner des avis à ceux qui en ont besoin, calmer une inquiétude, alléger un chagrin : voilà de quoi occuper toutes les heures de la vie. A la vérité, ce n'est là que le remplissage de la bonté ; mais n'est-il pas bon de n'y point laisser de vide et de se tenir toujours en exercice ? J'ose assurer qu'une existence ainsi tournée au profit de nos semblables serait le vrai secret d'être toujours en jouissance ; car en se rendant propres celles des autres, c'est comme si l'on avait plusieurs âmes pour jouir.

FÉNELON.

Les véritables vertus sociales.

CONSEILS A UN ENFANT

Enfant, tu grandis : que ton cœur soit fort !
Lutte pour le bien ; la défaite est sainte !
Si tu dois souffrir, accorde à ton sort
Un regret parfois, jamais une plainte.

Ecris, parle, agis sans peur du danger.
L'univers est grand ; que ton œil y plonge !
Tu pourras faillir, même propager
Une erreur parfois, jamais un mensonge.

Si tu vois plus tard d'indignes rivaux
Toucher avant toi le but de la vie,
Trahis seulement, sûr que tu les vaux,
Du dépit parfois, jamais de l'envie.

Le mal, ici-bas, trône audacieux ;
D'un amer dégoût si ton âme est pleine,
Nourris dans ton sein, montre dans tes yeux
Du mépris parfois, jamais de la haine.

E. MANUEL. *Poésies du foyer et de l'école.* (Calmann-Lévy, édit.)

CHAPITRE VII

LA NATION ET LA PATRIE

PREMIÈRE CAUSERIE

LA NATION ET LA PATRIE

Définition. — La nation, c'est un prolongement et une extension de la famille dans la société humaine.

Paradoxe. — « Où tu es bien, là est ta patrie. » Assertion contraire à la morale qui condamne l'égoïsme, la poursuite du bonheur individuel; contraire au bon sens : qui recherche sa satisfaction ne la trouvera jamais complète; ce sera un déraciné et un nomade.

Caractéristiques variables de l'idée de patrie. — Même langue; mais, dans une même nation, il y a parfois plusieurs langues; la même langue est parfois parlée dans des nations différentes. — Mêmes mœurs, mêmes coutumes; mais peuvent être dissemblables dans un même pays; sont souvent semblables dans des pays différents pour des classes identiques de citoyens. — Même gouvernement; mais est souvent imposé à des nationalités distinctes et antagonistes.

Caractères fondamentaux. — Le sol, le territoire, ceux qui y sont nés : natalité, nation; un même corps. Ceux qui sont issus des mêmes pères : patrimoine, patrie; une même âme.

Communauté de sentiments et de volonté. — Aimer son pays, vouloir en être; pour cela, union de la conscience, du cœur, de la volonté. Sentir qu'on est solidaire dans le passé historique, avec les mêmes intérêts d'ordre matériel et d'ordre moral, solidaires de la vraie gloire, des épreuves héroïques : France de 1793, France de 1870. Vouloir être solidaire dans le présent, ne pas seulement profiter des avantages, mais assumer les charges; vouloir ensemble préparer l'avenir. Rester l'anneau d'une chaîne continue. Pratiquez dans la patrie, personne morale, la justice et la bonté, qui sont son idéal et le vôtre.

Règle de conduite. — Aimer, dans la patrie, une seconde famille.

DEUXIÈME CAUSERIE

LE PATRIOTISME

Définition. — Le patriotisme est à la fois un sentiment et un devoir; l'adhésion à l'idéal national.

Le chauvinisme. — Il est légitime de vouloir sa patrie respectée et honorée; mais ne pas être aveugle sur ses faiblesses, cacher ou excuser ses fautes. Le chauvin viole l'équité, attribue aux autres pays la haine qu'il professe contre eux. C'est un matamore. Il accuse de lâcheté ou de traîtrise ceux qui ne pensent pas comme lui. Il menace perpétuellement; souhaite un maître avide de gloire guerrière et de conquêtes.

Le véritable patriotisme. — Aimer son pays, c'est reconnaître aux étrangers le droit d'aimer le leur. Les respecter, être juste envers eux. Mais rester vigilant, dans une attitude qui en impose. Être le droit, au service duquel on pourrait mettre la force. Pratiquer même la charité envers les autres pays : solidarité dans les catastrophes.

L'obligation militaire. — La force exige une armée, sauvegarde nationale. Nécessité d'un service militaire, le plus réduit possible, mais apprentissage nécessaire pour parer aux attentats soudains; acceptation de la discipline, la comprendre, lui consentir des sacrifices légers; courage et dévouement guerriers.

Les devoirs patriotiques du citoyen. — Aimer sa patrie, même injuste envers vous; mais lutter pour le droit, pour la loi si elle est violée, pour les libertés essentielles. Travailler à développer la richesse nationale; mais que la mère patrie n'ait pas de fils déshérités. S'opposer aux préjugés et aux doctrines qui divisent les citoyens. Se montrer tolérant et bon. Réaliser en soi les qualités françaises : loyauté, générosité, amour de la liberté, de la fraternité et de la justice.

Conséquences. — En s'efforçant de pratiquer, vis-à-vis des autres pays, les devoirs de justice et de charité, on poursuit et l'on hâte la réalisation d'une société humaine juste et fraternelle.

Règle de conduite. — Pour être bon patriote, avoir la main tendue, non le poing fermé.

LECTURES

L'instinct de la patrie

Un instinct particulier à l'homme, et qui n'est pas le moins beau, le moins moral de ses instincts, *c'est l'amour de la patrie*. Si cette loi n'était soutenue par un miracle toujours subsistant, et auquel, comme à tant d'autres, nous ne faisons aucune attention, les hommes se précipiteraient dans les zones tempérées, en laissant le reste du globe désert. On peut se figurer quelles calamités résulteraient de cette réunion du genre humain sur un seul point de la terre. Afin d'éviter ces malheurs, la Providence a, pour ainsi dire, attaché les pieds de chaque homme à son sol natal par un aimant invisible : les glaces de l'Islande et les sables embrasés de l'Afrique ne manquent point d'habitants.

Il est même digne de remarquer que plus le sol d'un pays est ingrat, plus le climat en est rude, ou, ce qui revient au même, plus on a souffert de persécutions dans ce pays, plus il a de charmes pour nous. Chose étrange et sublime, qu'on s'attache par le malheur, et que l'homme qui n'a perdu qu'une chaumière soit celui-là même qui regrette davantage le toit paternel ?

Un sauvage tient plus à sa hutte qu'un prince à son palais, et le montagnard trouve plus de charme à sa montagne que l'habitant de la plaine à son sillon. Demandez à un berger écossais s'il voudrait changer son sort contre le premier potentat de la terre. Loin de sa tribu chérie, il en garde partout le souvenir, partout il redemande ses troupeaux, ses torrents, ses nuages. Il n'aspire qu'à manger du pain d'orge, à boire le lait de sa chèvre, à chanter dans la vallée ses ballades que chantaient aussi ses aïeux. Il dépérit s'il ne retourne au lieu natal. C'est une plante de la montagne, il faut que sa racine soit dans le rocher ; elle ne peut prospérer si elle n'est battue des vents et des pluies : la terre, les abris et le soleil de la plaine la font mourir.

C'est lorsque nous sommes éloignés de notre pays que nous sentons surtout l'instinct qui nous y attache. A défaut de réalité on cherche à se repaître de songes ; le cœur est expert en tromperies : quiconque a été nourri au sein de la femme a bu à la coupe des illusions. Tantôt c'est une cabane qu'on aura disposée comme le toit paternel ; tantôt c'est un bois, un vallon, un coteau à qui l'on fera porter quelques-unes de ces douces appellations de la patrie. Andromaque donne le nom de Simoïs à un ruisseau. Quelle touchante vérité dans ce petit ruisseau qui retrace un grand fleuve de la terre natale ! Loin des bords qui nous ont vus naître, la nature est comme diminuée, et ne nous paraît plus que l'ombre de celle que nous avons perdue.

Une autre ruse de l'instinct de la patrie, c'est de mettre un grand prix à un objet en lui-même de peu de valeur, mais qui vient de notre pays et que nous avons emporté dans l'exil. L'âme semble se répandre jusque sur les choses inanimées qui ont partagé nos destins.

CHATEAUBRIAND.

Ce que c'est qu'une nation.

Une nation est une âme, un principe spirituel. Deux choses qui, a vrai dire, n'en font qu'une, constituent cette âme, ce principe spirituel. L'une est dans le passé, l'autre dans le présent. L'une est la possession en commun d'un riche legs de souvenirs; l'autre est le consentement actuel, le désir de vivre ensemble, la volonté de continuer à faire valoir l'héritage qu'on a reçu indivis. L'homme, messieurs, ne s'improvise pas. La nation, comme l'individu, est l'aboutissant d'un long passé d'efforts, de sacrifices et de dévouements. Le culte des ancêtres est de tous le plus légitime; les ancêtres nous ont faits ce que nous sommes. Un passé héroïque, des grands hommes, de la gloire (j'entends de la véritable), voilà le capital social sur lequel on assied une idée nationale. Avoir des gloires communes dans le passé, une volonté commune dans le présent; avoir fait de grandes choses ensemble, vouloir en faire encore, voilà les conditions essentielles pour être un peuple. On aime, en proportion des sacrifices qu'on a consentis, des maux qu'on a soufferts. On aime la maison qu'on a bâtie et qu'on transmet. Le chant spartiate : « Nous sommes ce que vous fûtes; nous serons ce que vous êtes, » est dans sa simplicité l'hymne abrégé de toute patrie.

Dans le passé un héritage de gloire et de regrets à partager, dans l'avenir un même programme à réaliser; avoir souffert, joui, espéré ensemble, voilà ce qui vaut mieux que des douanes communes et des frontières conformes aux idées stratégiques; voilà ce que l'on comprend malgré les diversités de race et de langue. Je disais tout à l'heure: « avoir souffert ensemble »; oui, la souffrance en commun unit plus que la joie. En fait de souvenirs nationaux, les deuils valent mieux que les triomphes; car ils imposent des devoirs; ils commandent l'effort en commun.

Une nation est donc une grande solidarité, constituée par le sentiment des sacrifices qu'on a faits et de ceux qu'on est disposé à faire encore. Elle suppose un passé; elle se résume pourtant dans le présent par un fait tangible: le consentement, le désir clairement exprimé de continuer la vie commune. L'existence d'une nation est (pardonnez-moi cette métaphore) un plébiscite de tous les jours, comme l'existence de l'individu est une affirmation perpétuelle de la vie.

RENAN. *Discours et conférences.* (Calmann-Lévy, édit.)

Chauvinisme et patriotisme.

Il y a deux patriotismes: il y en a un qui se compose de toutes les haines, de tous les préjugés, de toutes les grossières antipathies que les peuples abrutis par des gouvernements intéressés à les désunir nourrissent les uns contre les autres. Je déteste bien, je méprise bien, je hais bien les nations voisines et rivales de la mienne; donc je suis patriote! Voilà l'axiome brutal de certains hommes d'aujourd'hui. Vous voyez que ce patriotisme coûte peu: il suffit d'ignorer, d'injurier et de haïr!

Il en est un autre qui se compose au contraire de toutes les vérités, de toutes les facultés, de tous les droits que les peuples ont en commun, et qui, en chérissant avant tout sa propre patrie, laisse déborder ses sympathies au-delà des races, des langues, des frontières, et qui considère les nationalités diverses comme les unités partielles de cette grande unité générale dont les peuples divers ne sont que les rayons, mais dont la civilisation est le centre!

LAMARTINE.

La patrie rend l'homme plus grand.

Ce qui rend l'homme vraiment grand, c'est d'être capable de dépasser les bornes de sa vie étroite, de sortir de soi-même, d'échapper à ses intérêts égoïstes. Cette capacité se réalise par la patrie. Par elle, l'homme se sent partie d'un tout qui occupe une large place dans l'espace et le temps. En effet, il se sent pour ainsi dire immortel, car cette patrie qu'il aime recueille, pour en profiter, ce qu'il a de meilleur, ses pensées, ses bonnes œuvres, ses exemples de vertus. Cette patrie n'est pas d'ailleurs chose abstraite et purement idéale : elle a été, avant lui, formée de ses ancêtres; elle le sera après lui de ses enfants et des enfants de ses enfants. Ainsi les sentiments les plus forts du cœur humain, les affections domestiques, l'instinct de l'immortalité, se concentrent, en quelque sorte, pour trouver un objet supérieur et une vie plus intense dans l'amour de la patrie.

CARRAU. *De l'éducation.* (Alcide Picard, édit.)

Il faut être un membre actif de la patrie.

Comment travailler à la prospérité de la société? D'une seule et même façon. La patrie est comme un corps vivant dont la santé dépend de l'activité de ses membres ; les membres remplissent-ils mal leurs fonctions, il périclite ; jouent-ils convenablement leur rôle, il est bien portant. Remplis de ton mieux la fonction sociale que tes facultés t'assignent, mets au dehors ce qu'il y a de bon en toi, offre à tes concitoyens un concours égal à celui qu'ils te donnent, sois un membre actif de la patrie. En toute occasion, raisonne de la façon suivante : Que résultera-t-il de ceci pour les hommes qui sont nos auxiliaires, pour la société dont je suis membre, pour le tout dont je fais partie? Et selon que la chose te paraîtra utile ou nuisible, tu sentiras que là est le bien ou le mal... Pour tout dire en un mot, sois ce que tu dois être, un honnête homme.

PAUL BOURDE. *Le Patriote.* (Hachette et Cie, édit.)

Le bon soldat.

Si j'osais faire une comparaison entre deux conditions tout à fait inégales, je dirais qu'un homme de cœur pense à remplir ses devoirs à peu près comme le couvreur songe à couvrir ; ni l'un ni l'autre ne cherchent à exposer leur vie, ni ne sont détournés par le péril ; la mort pour eux est un inconvénient dans le métier et jamais un obstacle. Le premier aussi n'est guère plus vain d'avoir paru à la tranchée, emporté un ouvrage, forcé un retranchement, que celui-ci d'avoir monté sur de hauts combles et sur la pointe d'un clocher.

Ils ne sont tous deux appliqués qu'à bien faire, pendant que le fanfaron travaille à ce que l'on dise de lui qu'il a bien fait.

LA BRUYÈRE.

Les milices nationales.

Le peuple est sage... Nous travaillons trop pour avoir le temps de penser à mal ; et s'il est vrai, ce mot ancien, que tout vice naît d'oisiveté, nous devons être exempts de vices, occupés comme nous le sommes les premiers six jours de la semaine, et bonne part du septième, chose que blâment quelques-uns. Ils ont raison, et je voudrais que ce jour-là toute besogne cessât : il faudrait, dimanches et fêtes, par tous les villages, s'exercer au tir, au maniement des armes, penser aux puissances étrangères, qui pensent à nous tous les jours. Ainsi font les Suisses, nos voisins, et ainsi devons-nous faire pour être gens à nous défendre, en cas de noise avec les forts. Car de se fier au ciel et à notre innocence, il vaut bien mieux apprendre la charge en douze temps, et savoir au besoin ajuster un ennemi... Vous, Messieurs, songez-y, pendant qu'il est temps : avisez entre vous s'il ne conviendrait pas, vu les circonstances présentes ou imminentes, de vaquer le dimanche à des exercices tels que le pas de charge et les feux de bataillons. Ainsi pourrons-nous employer, avec très grand profit pour l'Etat et pour nous, des moments perdus à la danse... lorsqu'on nous couche en joue de près, à bout portant, lorsque autour de nous toute l'Europe en armes fait l'exercice à feu, ses canons en batterie et la mèche allumée.

P.-L. COURIER.

Le bon patriote.

Il n'y a de bon patriote que l'homme vertueux, que l'homme qui comprend et qui aime tous ses devoirs, et qui se fait une étude de les accomplir.

Il ne se confond jamais avec l'adulateur des puissants, ni avec celui qui hait malignement toute autorité : être servile et irrévérencieux sont deux excès semblables.

S'il est dans les emplois du gouvernement, civils ou militaires, son but n'est pas sa propre richesse, mais bien l'honneur et la prospérité du prince et du peuple.

S'il est simple citoyen, c'est là encore son vœu le plus ardent, et il ne fait rien qui s'y oppose : il fait au contraire tout ce qu'il peut, afin d'y contribuer.

Il sait qu'il y a des abus dans toutes les sociétés, et il désire qu'on les réforme ; mais il a horreur de la fureur de celui qui voudrait les réformer par les rapines et les vengeances sanguinaires, car, de tous les abus, ceux-là sont les plus terribles et les plus funestes.

Il ne désire pas, il n'excite pas les discordes civiles ; au contraire, il est, autant qu'il le peut, par son exemple et par ses discours, le modérateur des esprits exagérés et le conseiller de l'indulgence et de la paix.

Il ne cesse d'être un agneau qu'au moment où la patrie en danger a besoin d'être défendue ; alors il devient un lion, il combat, il triomphe, ou il meurt.

SILVIO PELLICO.

La France est animée de prosélytisme.

Vous êtes une terrible puissance ! Jamais sans doute il n'exista de nation plus aisée à tromper, ni plus difficile à détromper, ni plus puissante pour tromper les autres. Deux caractères particuliers vous distinguent de tous les peuples du monde : l'esprit d'association et celui de prosélytisme. Les idées chez vous sont toutes nationales, et toutes passionnées. Il me semble qu'un prophète, d'un seul trait de son fier pinceau, vous a peints d'après nature, il y a vingt-cinq siècles, lorsqu'il a dit : « Chaque parole de ce peuple est une conjuration ». L'étincelle électrique, parcourant, comme la foudre dont elle dérive, une masse d'hommes en communication, représente faiblement l'invasion instantanée, j'ai presque dit d'un système, d'une passion parmi les Français qui ne peuvent vivre isolés.

Au moins, si vous n'agissiez que sur vous-mêmes, on vous laisserait taire ; mais le penchant, le besoin, la fureur d'agir sur les autres est le trait le plus saillant de votre caractère. On pourrait dire que ce trait est vous-mêmes. Chaque peuple a sa mission : telle est la vôtre. La moindre opinion que vous lancez sur l'Europe est un bélier poussé par trente millions d'hommes.

J. DE MAISTRE.

La France est plus qu'une nation.

..... Nous sommes les fils de ceux qui, par l'effort d'une nationalité héroïque, ont fait l'ouvrage du monde, et fondé, pour toute nation, l'évangile de l'égalité. Nos pères n'ont pas compris la fraternité comme cette vague sympathie qui fait accepter, aimer tout, qui mêle, abâtardit, confond. Ils crurent que la fraternité n'était pas l'aveugle mélange des existences et des caractères, mais bien l'union des cœurs. Ils gardèrent pour eux, pour la France, l'originalité du dévouement, du sacrifice, que personne ne lui disputa ; seule, elle arrosa de son sang cet arbre qu'elle plantait. L'occasion était belle pour les autres nations de ne pas la laisser seule. Elles n'imitèrent pas la France dans son dévouement ; veut-on aujourd'hui que la France les imite dans leur égoïsme, leur immorale indifférence, que, n'ayant pu les élever, elle descende à leur niveau ?...

L'étranger croit avoir tout dit, quand il dit en souriant : « La France est l'enfant de l'Europe. »

Si vous lui donnez ce titre, il faudra que vous conveniez que c'est l'enfant Salomon qui siège et qui fait justice. Qui donc a conservé, sinon la France, la tradition du droit ?... Dès saint Louis, à qui l'Europe vient-elle demander justice, le pape, l'empereur, les rois ?... Ses lois, qui ne sont autres que celles de la raison, s'imposent à ses ennemis mêmes. L'Angleterre vient de donner le Code civil à l'île de Ceylan.

La France a continué l'œuvre romaine et chrétienne. Le christianisme avait promis, et elle a tenu. L'égalité fraternelle, ajournée à l'autre vie, elle l'a enseignée au monde comme la loi d'ici-bas... En elle se perpétue sous forme diverse, l'idéal moral du monde...; le saint de la France, quel qu'il soit, est celui de toutes les nations, il est adopté, béni et pleuré du genre humain.

« Pour tout homme, disait impartialement un philosophe américain, le premier pays c'est sa patrie, et le second c'est la France. » — Mais combien d'hommes aiment mieux vivre ici qu'en leur pays !... Ils avouent tacitement que c'est ici la patrie universelle.

Cette nation, considérée comme l'asile du monde, est bien plus qu'une nation : c'est la fraternité vivante.

MICHELET. *Le peuple.* (Calmann-Lévy, édit.)

Les nations servent à l'œuvre de la civilisation.

Par leurs facultés diverses, souvent opposées, les nations servent à l'œuvre commune de la civilisation ; toutes apportent une note à ce grand concert de l'humanité, qui, en somme, est la plus haute réalité idéale que nous atteignions. Isolées, elles ont leurs parties faibles. Je me dis souvent qu'un individu qui aurait les défauts tenus chez les nations pour des qualités, qui se nourrirait de vaine gloire ; qui serait à ce point jaloux, égoïste, querelleur ; qui ne pourrait rien supporter sans dégaîner, serait le plus insupportable des hommes. Mais toutes ces dissonances de détail disparaissent dans l'ensemble. Pauvre humanité ! que tu as souffert ! que d'épreuves t'attendent encore ! Puisse l'esprit de sagesse te guider pour te préserver des innombrables dangers dont ta route est semée !

RENAN. *Discours et conférences.* (Calmann-Lévy, édit.)

CHAPITRE VIII

L'ÉTAT ET SES LOIS

PREMIÈRE CAUSERIE

L'ÉTAT, LE GOUVERNEMENT

Définition. — L'État, c'est la nation organisée comme corps politique et pourvue d'un ensemble d'institutions ; le gouvernement, c'est la forme que revêt cette organisation et l'autorité qui y préside.

Les divers États. — D'abord l'État despotique ou tyrannique, fondé sur la force ; méconnaissance du droit. Puis l'État monarchique : un souverain imposé : théorie du droit divin, inadmissible, puisque les hommes naissent égaux ; un souverain choisi par une aristocratie dont il assure les intérêts et la domination ; ce souverain prime la loi. Enfin, la république, la chose de tous : le gouvernement représente les membres du corps social, seul souverain ; une seule autorité, la loi.

L'État garantit les intérêts communs. — Il protège la nation au dehors : force armée. Il assure l'ordre intérieur contre les troubles et les coups d'État : police, seulement gardienne du droit. Exécution des lois, bonne administration de la justice. Direction des grands services généraux nécessaires à la prospérité nationale. Prélèvement de l'impôt qui lui fournit le moyen de remplir son rôle. L'État ne résiste pas aux besoins et aux vœux du pays, mais s'emploie à les satisfaire : gouverner, c'est prévoir.

L'État sauvegarde les droits particuliers. — Il garantit les droits des individus : droit à l'existence, droit au développement intégral : justice, instruction, assistance. De même pour la liberté dans toutes ses manifestations : individuelle, de pensée, de travail. Son œuvre législative tend à réaliser la justice, la bonté, l'harmonie entre les citoyens.

Les écueils. — Détenir l'autorité porte à en abuser : la raison d'Etat, la rigueur. Danger contraire : laisser exercer à l'excès les droits individuels. Règle : n'user de l'autorité que pour le bien commun.

Règle de conduite. — Intéressons-nous à l'organisation de la chose publique, puisque l'Etat, c'est nous.

DEUXIÈME CAUSERIE

LA RÉPUBLIQUE, LA SOUVERAINETÉ NATIONALE

Définition. — La république est un Etat dans lequel le gouvernement n'est pas le souverain ; il est le mandataire de chacun des citoyens qui ont tous en principe les mêmes intérêts et en qui réside la souveraineté.

Principe et supériorité de la République. — Etat conforme à la morale, puisqu'il est la consécration du droit et de la volonté individuels, dont l'Etat et le gouvernement sont la résultante. Nulle contrainte, nul arbitraire. Gouvernement consenti : suffrage universel, contrat initial et permanent, une Constitution. La loi fonde l'Etat ; elle est inviolable ; l'autorité, c'est le nombre, qui ne doit pas opprimer, mais rallier la minorité, l'associer.

Comment s'exerce la souveraineté nationale. — Tous les citoyens, politiquement égaux, participent au pouvoir, mais non pas directement, même avec le droit d'initiative et de sanction, comme en Suisse. Nomination de délégués, élus au suffrage direct ou restreint, sénateurs, députés, légiférant au nom du peuple souverain. Division des pouvoirs dont la réunion dans les mêmes mains permettrait les résistances et les attentats. Le législatif fait la loi, générale et impersonnelle, qui prescrit ou défend ; l'exécutif la fait observer ; le judiciaire en réprime les violations.

La démocratie. — Pour réaliser une égalité réelle entre les citoyens, les appeler à la vie intellectuelle et morale : œuvres d'instruction et d'éducation, œuvres de philanthropie et de solidarité. Leur faire prendre conscience de leur dignité, leur apprendre à respecter et le droit et la dignité des autres. Aimons l'ordre et la discipline, proscrivons l'envie et la haine. Ayons pour idéal la vertu, nécessaire à l'homme, à la famille, à la Cité, et qui seule fonde la démocratie et rend possible l'accord unanime des citoyens.

L'élite dans la démocratie. — L'égalité n'exclut pas le mérite. Tous sont admissibles à toutes les fonctions ; mais il en est de plus aptes et de meilleurs. Parfois les talents sont nécessaires ; souvent le sens, la raison, la largeur d'esprit et de cœur suffisent. Nulle place pour la faveur, pour le népotisme. Tout au plus digne.

Règle de conduite. — Ennoblissons-nous.

TROISIÈME CAUSERIE

LES LOIS

Définition. — Les lois sont des actes de l'autorité (législative, exécutive, judiciaire) qui règlent, d'une manière obligatoire et permanente, les droits et les devoirs des citoyens.

Fondement individuel. — L'homme s'est imposé des règles de conduite ; il déclare qu'il a des principes, puisés dans sa nature d'être raisonnable et libre. Il a observé, avant qu'il y eût des lois écrites, des rapports de justice avec ses semblables.

Fondement social. — Étayé d'un fondement naturel : dans tout organisme, concours des fonctions au maintien, au développement et à la reproduction de la forme commune. Nécessité pour l'organisme social d'harmoniser les fonctions. L'homme, avec ses intérêts et ses passions, apporterait un trouble : nécessité d'une formule écrite, comportant des sanctions, à l'observation de laquelle président les détenteurs de l'autorité. Cette formule, c'est l'expression de la raison humaine s'essayant au gouvernement des peuples.

Caractère de la loi. — Devrait être simple et claire car nul n'est censé ignorer la loi. Ne peut prêter à interprétation : fantaisie et arbitraire. Est générale et impersonnelle, non rétroactive ; anomalie des lois de circonstances. Oblige également gouvernants et gouvernés. La légalité, c'est la loyauté vis-à-vis des conventions, des contrats sur lesquels une société repose. Gouverner contrairement à la légalité, c'est s'insurger et rendre légitime contre soi une insurrection qui lutte pour le droit et la loi. Mais l'insurrection contre la loi est absurde ; pour changer la loi, moyen simple, voie légale : changer les législateurs.

Bienfaits de la loi. — Protège l'ordre social : sécurité, respect du droit, justice ; organise et règle les intérêts divers des membres de l'Etat : lois organiques, civiles, politiques ; profite au pays et à l'individu : paix et liberté. Son but jamais atteint : satisfaire tout le monde. Essayer de l'en rapprocher en la réformant, si elle crée des privilèges ou préjudicie aux intérêts généraux. Mais la respecter telle qu'elle est, car elle exprime la volonté générale. Idéal : conformité des lois humaines avec la loi morale.

Règle de conduite. — Ne pas craindre, mais aimer la loi, garantie du droit.

QUATRIÈME CAUSERIE

LÉGITIMITÉ SOCIALE DE LA PÉNALITÉ

Définition. — La pénalité est le système des sanctions que l'autorité applique à ceux qui ont violé la loi.

Le droit de punir. — Ne peut appartenir à l'individu : s'il est juge et partie, la passion rend l'équité impossible ; nul droit d'agir au nom des autres. La société délègue régulièrement à ceux qui veillent à l'exécution de la loi le droit de punir : intérêt général, défense légitime, car, une seule loi violée, le corps social est en péril ; intérêt de chacun, garantie de nos droits contre ceux qui y attentent.

Ses limites. — L'inculpé présumé innocent jusqu'à démonstration de sa culpabilité : pas de rigueur, liberté provisoire. Enquête préalable en présence de l'accusé assisté d'un défenseur ; liberté de la défense. Juger publiquement, dans les formes prescrites ; huis clos tout à fait exceptionnel. Sentence impartiale, sereine, d'après une loi qui a prévu le cas, rendue au nom de la nation, par le magistrat, qui est la loi vivante, ou par des jurés, sans haine ni colère. Appel toujours possible, révision, pour éviter les erreurs judiciaires.

Son but. — Protéger la société contre les récidives en punissant le coupable en vue du salut commun. Donc un exemple. Mais une peine strictement et évidemment nécessaire, en proportion avec la faute et le degré de responsabilité (ignorance, maladies, ascendance ; l'état d'ivresse constitue-t-il une excuse ?). Peine efficace, c'est-à-dire qui mette dans l'impossibilité de recommencer, mais améliore pour en ôter le désir. Pas de rigueur excessive, surtout un châtiment moral, une expiation; des déchéances. Mais des peines toujours rémissibles et révocables : atténuation, droit de grâce, réhabilitation.

La peine de mort. — Résurrection du talion, du lynch. Et s'il y a erreur judiciaire ? Mettez dans l'impossibilité de nuire; mais pourquoi tuer? Pour l'exemple? Il est inefficace, ne terrorise pas, n'empêche pas d'autres crimes. Exécuter en public? Spectacle immoral. Dans la cour d'une prison? Que devient l'argument de l'exemple? La vie humaine est sacrée. Et l'amendement? Et l'expiation personnelle?

Règle de conduite. — Se conformer à la loi morale, c'est le plus sûr moyen de n'avoir pas à redouter la loi humaine.

CINQUIÈME CAUSERIE

LES DEVOIRS DU CITOYEN

Définition. — Tout homme qui fait partie d'une communauté politique doit abdiquer un peu de lui-même et contracte des obligations en échange des services qu'il reçoit.

Garantir l'existence même de la Cité. — Devoir militaire. Sacrifier au pays son intérêt particulier : en temps de paix, situation et famille délaissées pendant deux ans, pendant les périodes d'appel; en temps de guerre, sacrifice possible de sa vie. Mais tous ont intérêt à la défense et au salut communs. Devoir patriotique.

Obéir aux lois et à l'autorité. — Sans obéissance, sans discipline, pas de société ni de gouvernement possibles. La loi est l'expression de la volonté générale; notre volonté particulière ne peut sans arbitraire s'insurger contre elle. La loi est en partie notre œuvre : illogisme de se désobéir à soi-même. L'autorité, c'est la loi agissante; nous l'avons constituée; la respecter, c'est nous respecter; ne l'affaiblissons pas, n'en ruinons pas le prestige.

Assurer la vie matérielle de la nation. — L'impôt, contribution commune. Le payer sans récriminer. Il augmente? Mais les services publics augmentent, la paix armée a de déplorables exigences. Que nos élus contrôlent. Ne pas frauder l'octroi, la douane; pas de fausses déclarations (loyer, successions, ventes de propriétés). Car voler l'État, c'est voler une personne collective, voler les services publics, son voisin et soi-même, sur qui l'État récupérera le montant de la fraude; abus de confiance, faillite morale.

Assurer sa vie politique. — Voter. C'est manifester sa liberté et la garantir; c'est s'occuper de ses intérêts en nommant qui peut les défendre; c'est exercer sa souveraineté. Aucun candidat ne vous satisfait-il? Votez pour l'idée si son représentant est intelligent, laborieux, honnête. Voter selon sa conscience, sans crainte, sans faiblesse. Placer les intérêts du pays avant les siens. Ne pas se désintéresser de la chose publique; bannir l'indifférence, le scepticisme; essayer d'améliorer.

Les partis. — Nous tendons vers tel ou tel parti : éducation, famille, milieu social. Ne pas adhérer aveuglément, s'instruire, observer. Aller aux partis de progrès puisque le progrès est une loi sociale et morale; mais ne pas s'enrégimenter, fuir les petites chapelles, les sectaires; être conscient, de bonne foi, désintéressé.

Règle de conduite. — Ne considérer l'accomplissement des devoirs que comme des manifestations de la liberté.

SIXIÈME CAUSERIE

LES DROITS DU CITOYEN

Définition. — L'État doit assurer au citoyen toute la liberté compatible avec l'ordre social; cette liberté assure à tous également le droit de faire tout ce que les lois permettent.

Liberté individuelle. — Se résume dans la formule latine des Anglais : *habeas corpus* : sois maître de ton corps. Liberté naturelle, condition des autres : aller, venir, agir, exercer et développer ses facultés, son activité physique, sans nuire à autrui. Droit inaliénable pour qu'on puisse accomplir son rôle d'être social; protégé par la loi contre les violences individuelles et contre les actes arbitraires de l'autorité, de plus en plus rares : inviolabilité de la personne et du domicile.

Liberté du travail. — Manifestation de l'activité physique, le travail est un devoir; il faut qu'il puisse être un droit. Droit de choisir sa profession, d'en régler les conditions et le prix, d'en changer. Liberté de l'échange et du commerce qui mettent en circulation les produits du travail. Mais restrictions apportées par la loi à la fabrication et à la vente de produits nocifs ou dangereux, à la hausse des prix.

Liberté de penser. — Nos facultés intellectuelles doivent pouvoir s'exercer. Liberté de penser veut dire liberté de communiquer sa pensée, de la répandre par la parole, par l'écrit; plus encore, d'y conformer ses actes : voilà notre complète dignité.

Liberté de conscience. — Concerne la pensée, considérée sous sa forme religieuse et philosophique. L'Etat n'a pas à connaître de la conscience, sauf dans les manifestations publiques du culte : nécessité de la paix et de l'ordre pour tous. Pas de violence contre qui cherche à amener un homme à une croyance, pas de violence contre qui n'embrasse pas cette croyance. Respect et tolérance mutuels.

Liberté d'association. — Moyen de mettre en valeur les facultés de l'homme et ses droits. Modes nombreux : coopératives, syndicats, assurances, secours mutuels, sociétés littéraires, artistiques, politiques. Rôle de l'État : sauvegarder les non associés contre l'injustice : trusts, spéculations, accaparements. Pour cela, il exige la connaissance des statuts, du but de l'association ; il se sauvegarde lui-même.

Règle de conduite. — Ne jamais réclamer pour soi un droit sans le reconnaître à autrui.

SEPTIÈME CAUSERIE

LES LIBERTÉS PUBLIQUES

Définition. — Les libertés publiques servent à la défense et à la garantie des droits individuels; l'opinion publique protège contre l'arbitraire.

Liberté de réunion. — Ses fondements : liberté individuelle, liberté de pensée, liberté d'association. C'est une association passagère. On s'assemble pour discuter d'intérêts communs, de vues communes. Liberté de la parole, possibilité de la contradiction ; sinon, c'est renoncer d'un coup à tous ses droits. Excuser les violences de langage à cause du milieu, des passions surexcitées. Mais l'autorité réglemente le droit de réunion : déclaration préalable, bureau de trois membres au moins, sur la réquisition duquel la réunion est dissoute comme au cas de collisions.

Liberté de la presse. — Tout ce qui s'imprime : affiche, journal, brochure, livre. Œuvre très haute : pour le progrès contre les abus ; formuler l'opinion publique, l'éclairer, la guider et influer par elle sur les institutions. Mais le journal est trop souvent le serviteur d'intérêts particuliers, insincère sous un masque de vertu, corrupteur ; liberté ne doit pas être licence. Aussi, pas de mesures préventives, mais pas d'impunité : au cas d'outrage aux individus ou aux mœurs, d'excitations à la violence contre les particuliers ou l'ordre social, la presse est déférée au jury qui, comme elle, représente l'opinion publique. Mais c'est, en dépit des excès, une liberté essentielle.

L'arbitraire. — Substitution de la volonté, du bon plaisir d'un seul à la loi. N'est pas complètement banni des gouvernements républicains. Viôle tous les principes d'égalité, de droit. Plus rien de régulier, plus de sécurité. L'autorité qui s'y laisse aller apprend aux citoyens à se révolter contre la loi, à l'enfreindre, et contribue à sa propre ruine.

L'anarchie. — A conclu de l'injustice et de l'oppression de certaines lois à celles de toutes les lois ; prétend que l'individu doit se développer librement suivant les droits naturels. Cela suppose des êtres sans passions, vivant fraternellement, parfaits moralement ; mais un seul suffira à détruire l'harmonie dans ce pays d'utopie. Est une forme de l'arbitraire qui exclut toute règle, toute organisation, se détourne des moyens légaux pour transformer la société. Conséquences : divisions intestines, luttes, retour à l'âge de fer.

Règle de conduite. — Aimer la liberté comme l'oiseau aime l'espace.

LECTURES

Le Gouvernement, c'est le pilote.

Les rames d'une galère
Insultaient au gouvernail,
Et disaient avec colère :
Nous faisons tout le travail,
Et quel est le salaire ?
Monsieur nous regarde faire.
Gouvernail paresseux, inutile instrument,
Réponds du moins : voyez s'il bouge seulement !
Comme elles tenaient ce langage,
Tout à coup s'élève un orage ;

Un vent des plus impétueux
Tourmente la galère, et, soufflant avec rage,
La livre à la merc, des flots tumultueux.
    Voilà nos rames fort en peine;
On les voit tour à tour s'élevant, s'abaissant
    Pour fendre la liquide plaine.
    Le danger va toujours croissant;
    En vains efforts elles s'épuisent.
Enfin contre un écueil voilà qu'elles se brisent.
Le gouvernail alors, agissant à propos,
    Maîtrise la vague indocile,
    Et, par une manœuvre habile
Sauve le bâtiment de l'abîme des flots.
    Je compare à cette galère
Le vaisseau de l'Etat qu'un seul doit commander :
Obéir au pilote, et le bien seconder,
    C'est ce qu'on a de mieux à faire.

LE BAILLY.

Le Gouvernement doit garder les principes.

La corruption de chaque gouvernement commence avec l'oubli des principes.....

C'est au législateur à suivre l'esprit de la nation lorsqu'il n'est pas contraire aux principes du gouvernement, car nous ne faisons rien de mieux que ce que nous faisons librement, et en suivant notre génie naturel. Qu'on donne un esprit de pédanterie à une nation naturellement gaie, l'Etat n'y gagnera rien ni pour le dedans ni pour le dehors. Laissez-lui faire les choses frivoles sérieusement, et gaiement les choses sérieuses.

MONTESQUIEU.

La bonne politique.

Relever l'amour du vrai et du solide en toute chose; ne rien négliger pour former une nation raisonnable, éclairée, pratiquant la première des abnégations, la plus difficile, la plus méritoire, qui est de ne pas trop tenir à une fausse idée de l'égalité; fonder une éducation virile et sérieuse, ayant pour base de fortes études spéciales; inspirer au peuple la croyance à la vertu, le respect des hommes savants et graves; le détourner des révolutions, remèdes souvent plus funestes que le mal qu'il s'agit d'extirper; faire que chacun aime à rester à son rang, par résignation, par fierté, par goût de l'honnêteté; montrer le beau où il est, c'est-à-dire chez tant d'admirables soldats, d'admirables marins, d'ouvriers courageux, d'ouvrières résignées, qui continuent la tradition de la vertu; ne pas dire au pauvre : « Enrichis-toi », mais lui dire : « Console-toi; tu travailles pour l'humanité et la patrie »; lui prêcher le bonheur par la simplicité du cœur et la poésie du sentiment; persuader à l'homme du peuple que ce qui le rend intéressant, c'est d'être respectueux pour les grandes choses morales auxquelles il coopère sans pouvoir toujours les comprendre ; à la femme, que ce qui fait son charme, c'est d'être dévouée et de servir ; mais se comporter en même temps de telle sorte que l'inférieur sente bien que celui qui commande remplit un devoir et est animé d'un haut sentiment philosophique ; présenter comme des choses funestes l'acrimonie, l'envie, la défiance systématique, qui rendent tout gouvernement impossible ; décourager de toutes les manières le mauvais goût public, ce fade genre d'esprit, cette basse littérature de turlupins qui est devenue à la mode ; respecter hautement le sentiment religieux ; par dessus tout respecter la liberté, condition essentielle de tout bien : voilà ce que serait la bonne politique.

RENAN. Questions contemporaines. (Calmann-Lévy, édit.)

Le principe de la démocratie, c'est l'égalité.

Le principe de la démocratie se corrompt, non seulement lorsqu'on perd l'esprit d'égalité, mais encore quand on prend l'esprit d'égalité extrême, et que chacun veut être égal à celui qu'il choisit pour lui commander. Pour lors, le peuple ne pouvant souffrir le pouvoir même qu'il confie, veut tout faire par lui-même, délibérer pour le Sénat, exécuter pour les magistrats et dépouiller tous les juges.

Il ne peut plus y avoir de vertu dans la République. Le peuple veut faire les fonctions des magistrats : on ne les respecte donc plus. Les délibérations du Sénat n'ont plus de poids, on n'a donc plus d'égards pour les sénateurs, et par conséquent pour les vieillards. Que si l'on n'a pas de respect pour les vieillards, on n'en aura plus pour les pères : les maris ne méritent pas plus de déférence, ni les maîtres plus de soumission. Tout le monde parviendra à aimer ce libertinage : la gêne du commandement fatiguera, comme celle de l'obéissance. Les femmes, les enfants, les esclaves, n'auront de soumission pour personne. Il n'y aura plus de mœurs, plus d'amour de l'ordre, plus de vertu...

La démocratie a donc deux excès à éviter : l'esprit d'inégalité, qui la mène à l'aristocratie ou au gouvernement d'un seul ; et l'esprit d'égalité extrême, qui la conduit au despotisme d'un seul comme le despotisme d'un seul finit par la conquête.

MONTESQUIEU.

Les vertus de la démocratie.

On connaît peu, on comprend mal les sociétés démocratiques, encore si nouvelles et si obscures. Leur vertu manque de cet éclat, je dirai plus, de ce fini, de ce charme, qui tiennent à l'élévation des personnes, à la beauté des formes, à l'action du temps, au développement complet, varié, harmonieux, de la nature humaine grande et glorieuse. Mais la vertu même et la moralité ne leur manquent pas. Il y a dans ces masses pressées et inconnues, dans ces vies laborieuses et modestes, beaucoup de droiture, de justice simple, de bienveillance active, beaucoup de soumission à la règle, de résignation au sort, une rare puissance d'effort et de sacrifice, une belle et touchante disposition à s'oublier soi-même, sans prétention, sans bruit, sans récompense ; même la jalousie de toute supériorité, la passion de l'envie, ce venin des sociétés démocratiques, n'infecte pas toujours, autant qu'on devait le craindre, leur jugement moral. Nous en sommes profondément atteints, et pourtant le goût de l'honnêteté, le respect du bien est général et puissant parmi nous. On rencontre le bien avec joie ; on l'accueille avec reconnaissance comme un cordial salutaire, comme un service rendu à la société qui sent le besoin de s'élever et de s'épurer. Respect d'autant plus vrai, goût d'autant plus sûr, qu'il est étranger à toute opinion systématique, à toute exaltation de l'esprit, à toute emphase romanesque. Par un phénomène singulier et très significatif, c'est vers le mal, vers le dérèglement que se portent aujourd'hui l'exagération et l'emphase ; on déclame en se plongeant dans la boue. Pour le bien, notre temps le veut simple, vrai, grave, sensé. C'est uniquement parce que c'est le bien, le bien moral qu'on l'estime et qu'on l'aime. On ne lui demande que de paraître ce qu'il est.

Où règne une telle disposition, où le bien est ainsi en honneur pour lui-même et pour lui seul, il peut encore y avoir beaucoup de mal, et un mal très funeste ; mais ce n'est pas au mal qu'appartient l'avenir.

GUIZOT. *Méditations et études morales.* (Perrin et Cⁱᵉ, édit.)

Nécessité d'une élite dans la démocratie.

La démocratie n'ayant que trop de tendance à l'utilitarisme, l'État doit favoriser de son mieux la sélection et la constitution d'une élite vraiment libérale ; c'est son devoir et son droit, surtout dans les républiques, où, pour l'intérêt même de tous, l'influence directrice doit appartenir aux esprits les plus élevés, les plus dégagés de considérations purement utilitaires, les plus capables de perpétuer d'âge en âge, au-dessus des préoccupations momentanées de l'heure présente, cet esprit historique et permanent de la nation, qui constitue la vraie « volonté nationale ».

Une démocratie mal entendue peut seule être hostile par instinct, par nature, à tout ce qui semble une élite ; elle croit que l'égalité, nécessaire et juste dans l'ordre des droits, est partout la seule loi ; elle ignore (on ne le lui apprend pas) que la nature entière progresse par le développement des supériorités, par la marche en avant des meilleurs, non pas seulement au point de vue de la force, comme dans le règne animal, mais encore au point de vue de l'intelligence, surtout au point de vue de la moralité. Les individus qui forment le corps national, égaux en droits, ne sont pas plus égaux en fonction et en importance que les cellules qui forment le corps humain. Il ne faut donc pas vouloir tout niveler sous prétexte d'égaliser. Le paradoxe de la fausse égalité est le même que si l'on disait : « Il n'y a dans le corps humain que des cellules, et toutes les cellules sont égales, puisque dans toutes nous retrouvons le carbone, l'hydrogène, l'oxygène et l'azote ». Cependant, répond M. Laffitte, que Shylock me prenne une once de chair dans le bras ou la jambe, et je reste moi-même ; qu'il la prenne dans le cœur ou le cerveau, et j'ai vécu.

Une démocratie bien entendue, loin d'exclure les supériorités naturelles, les favorise au contraire.

A. FOUILLÉE. *L'enseignement au point de vue national.*
(Hachette et Cie, édit.)

La loi.

La loi, en général, est la raison humaine, en tant qu'elle gouverne tous les peuples de la terre ; et les lois politiques et civiles ne doivent être que les cas particuliers où s'applique cette raison humaine.

Elles doivent être tellement propres au peuple pour lequel elles sont faites, que c'est un très grand hasard si celles d'une nation peuvent convenir à une autre...

MONTESQUIEU.

La loi préside à toute la vie sociale et doit être respectée.

[Socrate répond à son disciple Criton qui l'engageait à s'évader de prison.]

SOCRATE. — Et les lois, que diront-elles ? « Socrate, est-ce de cela que nous sommes convenus ensemble ou de te soumettre aux jugements rendus par la République ? » Et si nous paraissions surpris de ce langage, elles nous diraient peut-être : « Ne t'étonne pas, Socrate ; mais réponds-nous. Dis, quel sujet de plainte as-tu donc contre nous et la République, pour entreprendre de nous détruire ? N'est-ce pas nous à qui d'abord tu dois la vie ? N'est-ce pas sous nos auspices que ton père prit pour compagne celle qui t'a donné le jour ? Parle, sont-ce les lois relatives aux mariages qui te semblent mauvaises ? — Non pas, dirais-je. — Ou celles qui président à l'éducation ? et suivant lesquelles tu as été élevé toi-même ? Ont-elles mal fait de prescrire à ton père de t'instruire dans les exercices de l'esprit et dans ceux du corps ? — Elles ont très bien fait. — Eh bien ! si tu nous dois la naissance et l'éducation, peux-tu nier que tu sois notre enfant et notre serviteur, toi et ceux dont tu descends ? et, s'il en est ainsi, crois-tu avoir des droits égaux aux nôtres, et qu'il te soit permis de nous rendre tout ce que nous pourrions te faire souffrir ? Eh quoi ? à l'égard d'un père ou d'un maître, si tu en avais un, tu n'aurais pas le droit de lui faire ce qu'il te ferait ; de lui tenir des discours offensants s'il t'injuriait ; de le frapper, s'il te frappait, ni rien de semblable ; et tu aurais ces droits envers les lois et la patrie ! et si nous avions prononcé ta mort, croyant qu'elle est juste, tu entreprendrais de nous détruire ! Ta sagesse va-t-elle jusqu'à ne pas savoir que la patrie a plus de droits à nos respects et à nos hommages, qu'elle est plus auguste et plus sainte devant les dieux et les hommes sages, qu'un père, qu'une mère, et que tous les aïeux ; qu'il faut respecter la patrie dans sa colère, avoir pour elle plus de soumission et plus d'égards que pour un père, la ramener par la persuasion ou obéir à ses ordres, souffrir sans murmurer tout ce qu'elle commande de souffrir, fût-ce d'être battu ou chargé de chaînes ; que si elle nous envoie à la guerre pour être blessés ou tués il faut y aller ; que le devoir est là et qu'il n'est permis ni de reculer ni de lâcher de pied, ni de quitter son poste ; que, sur le champ de bataille, et devant le tribunal et partout, il faut faire ce que veut la République, ou employer auprès d'elle les moyens de persuasion que la loi accorde ; qu'enfin, si c'est une impiété de faire violence à un père et à une mère, c'en est une bien plus grande de faire violence à la patrie ? »

PLATON, trad. Waddington, (Hachette et Cⁱᵉ, édit.)

La loi et la patrie.

La loi, c'est la patrie elle-même ordonnant à chacun de respecter la vie, les biens, la liberté, la conscience, la croyance de chacun et de tous, au nom de la justice. Attenter à la loi, c'est frapper la patrie au cœur. Frapper la patrie en violant la loi, c'est blesser tous ceux que la patrie couvre de sa protection. Violer la loi, c'est donc un crime. Plus la loi est importante, plus le crime est grand.

Il faut aimer la patrie, puisqu'elle est notre être même... Il faut respecter la loi parce qu'elle est la sauvegarde de la patrie et par respect pour la justice.

En nous s'affermit et s'éclaire par l'éducation le double amour de la patrie et de la justice. Il se manifeste avant tout par le culte de la loi.

Les âmes droites aiment leur pays et en respectent les lois jusqu'à tout souffrir, même la mort pour la mère patrie.

CH. LÉVÈQUE. (Pédone, édit.)

Le droit de punir au point de vue social.

Dans l'ordre social, le gouvernement n'est investi du droit de punir que pour protéger la liberté en imposant une juste réparation à ceux qui la violent. Toute faute qui n'est pas contraire à la justice et ne porte pas atteinte à la liberté échappe donc à la vindicte sociale. Le droit de punir n'est pas non plus le droit de se venger. Rendre le mal pour le mal, demander œil pour œil, dent pour dent, est la forme barbare d'une justice sans lumière, car le mal que je vous ferai n'ôtera pas celui que vous m'avez fait. Ce n'est pas la douleur ressentie par la victime qui réclame une douleur correspondante, c'est la justice violée qui impose au coupable l'expiation de la souffrance. Telle est la moralité de la peine. Le principe de la peine n'est pas la réparation du dommage causé. Si je vous ai causé un dommage sans le vouloir, je vous paye une indemnité ; ce n'est pas là une peine, car je ne suis pas coupable, tandis que, si j'ai commis un crime, outre l'indemnité matérielle du mal que j'ai fait, je dois une réparation à la justice par une souffrance convenable, et c'est en cela que consiste véritablement la peine.

Quelle est l'exacte proportion des châtiments et des crimes ? Cette question ne peut recevoir une solution absolue. Ce qu'il y a ici d'immuable, c'est que l'acte contraire à la justice mérite une punition, et que plus l'acte est injuste, plus la punition doit être sévère. Mais à côté du droit de punir est le devoir de corriger. Il faut laisser au coupable la possibilité de réparer son crime. L'homme coupable est un homme encore ; ce n'est pas une chose dont on doive se débarrasser dès qu'elle nuit, une pierre qui tombe sur notre tête et que nous rejetons dans l'abîme afin qu'elle ne blesse plus personne. L'homme est un être raisonnable, capable de comprendre le bien et le mal, de se repentir et de se réconcilier un jour avec l'ordre.

V. Cousin. *Du vrai, du beau, du bien.* (Emile Perrin et Cⁱᵉ, édit.)

Il faut punir sans colère.

Il ne faut jamais ajouter l'injure au châtiment. Le magistrat qui punit ou réprimande un citoyen ne doit point songer à sa propre satisfaction, mais à l'intérêt public. Il faut prendre garde aussi que la peine ne soit plus grande que la faute, et que, pour les mêmes motifs, les uns soient châtiés, tandis que les autres ne sont même pas appelés en justice. On doit surtout éviter de mêler la colère au châtiment; car celui qui inflige une peine dans l'emportement de la colère ne peut garder cette modération qui nous tient à égale distance des extrêmes et dont les péripatéticiens font un si grand éloge. Je souscris de bon cœur à cet éloge, mais je trouve qu'ils le gâtent en y ajoutant celui de la colère, et en disant qu'elle nous a été donnée à bon escient par la nature. Jamais la colère n'est permise aux hommes ; et l'on doit souhaiter que ceux qui gouvernent les républiques soient semblables aux lois qui châtient les coupables, non par emportement mais par équité.

Cicéron. *Des devoirs,* livre Iᵉʳ, trad. Nisard. (Firmin Didot et Cⁱᵉ, édit.)

La justice est sujette à l'erreur.

Il n'y a pas d'homme un peu versé dans la procédure criminelle qui ne pense avec terreur à combien peu de chose tient la vie d'un homme sous le poids d'une accusation capitale, et qui ne se rappelle des exemples où un individu n'a dû son salut qu'à quelque circonstance extraordinaire qui a mis son innocence au jour, lorsqu'elle était prête à succomber... Y a-t-il des formes judiciaires qui puissent donner la certitude de se garantir toujours des pièges du mensonge et des illusions de l'erreur? Non... La seule preuve qui paraisse opérer une conviction complète, la confession libre de l'accusé, outre qu'elle est rare, ne donne pas même une certitude absolue, puisqu'on a vu des hommes, comme dans le cas du sortilège, s'avouer coupables, lorsque le crime supposé n'était pas possible...

Il faut même observer que les cas où le mot *évidence* est le plus prodigué, sont souvent ceux où les témoignages sont les plus douteux. Lorsque le délit présumé est du nombre de ceux qui excitent le plus d'antipathie, ou qui échauffent l'esprit de parti, les témoins presque à leur insu se convertissent en accusateurs ; ils ne sont plus que les échos de la clameur publique ; la fermentation s'accroît par elle-même et le doute n'est plus admis. Ce fut un vertige de cette nature qui emporta d'abord le peuple, et bientôt les juges, dans cette malheureuse affaire de Calas.

J. Bentham. (Bossange, édit.)

Contre la peine de mort.

« C'est à vous, Messieurs, d'examiner dans quel cas il est équitable d'arracher la vie à son semblable. Vous qui travaillez à réformer ces lois, voyez avec le jurisconsulte Beccaria s'il est bien raisonnable que, pour apprendre aux hommes à détester l'homicide, des magistrats soient homicides et tuent un homme en grand appareil. Voyez s'il est nécessaire de le tuer quand on peut le punir autrement, et s'il faut gager un de vos compatriotes pour massacrer utilement votre compatriote, excepté dans un seul cas : c'est celui où il n'y aurait pas moyen de sauver la vie du plus grand nombre. C'est le cas où l'on tue un chien enragé. Dans toute autre occurrence condamnez le criminel à vivre pour être utile, qu'il travaille continuellement pour son pays parce qu'il a nui à son pays. Il faut réparer le dommage, la mort ne répare rien. »

VOLTAIRE.

Le mal vient d'un manque de culture dont la société est responsable.

L'État doit au peuple l'école. L'individu n'est complètement responsable de ses actes que s'il a reçu sa part de l'éducation qui fait homme. De quoi punissez-vous ce misérable qui, resté fermé depuis son enfance aux idées morales, ayant à peine le discernement du bien et du mal, poussé d'ailleurs par de grossiers appétits qui sont toute sa foi, et peut-être aussi par de pressants besoins, a forfait contre la société? Vous le punissez d'être brute : mais est-ce sa faute, grand Dieu! si nul ne l'a reçu à son enfance pour le faire naître à la vie morale? Est-ce sa faute, si son éducation n'a été que l'exemple du vice? Et, pour remédier à ces crimes que vous n'avez pas su empêcher, vous n'avez que le bagne et l'échafaud. Le vrai coupable, en tout cela, c'est la société qui n'a pas élevé et ennobli ce misérable. Quel étrange hasard, je vous prie, que presque tous les criminels naissent dans la même classe! La nature, dirai-je avec Pascal, n'est pas si uniforme. N'est-il pas évident que, si les dix-neuf vingtièmes des crimes punis par la société sont commis par des gens privés de toute éducation et pressés par la misère, la cause en est dans ce manque d'éducation et dans cette misère? Dieu me garde de songer jamais à excuser le crime ou à désarmer la société contre ses ennemis! Mais le crime n'est crime que quand il est commis avec une parfaite conscience. Croyez-vous que ce misérable n'eût pas été, comme vous, honnête et bon, s'il avait été comme vous cultivé par une longue éducation et amélioré par les salutaires influences de la famille? Il faut partir de ce principe que l'homme ne naît pas actuellement bon, mais avec la puissance de devenir bon, pas plus qu'il ne naît savant, mais avec la puissance de devenir savant; qu'il ne s'agit que de développer les germes de vertu qui sont en lui; que l'homme ne se porte pas au mal par son propre choix, mais par besoin, par de fatales circonstances, et surtout faute de

culture morale. Certes, dans l'état présent, où la société ne peut
exercer sur tous ses membres une action civilisatrice, il importe de
maintenir le châtiment pour effrayer ceux que l'éducation n'a pu
détourner du crime. Mais tel n'est pas l'état normal de l'humanité,
car, je le répète, on ne punit pas un homme d'être sauvage, bien que,
si l'on a des sauvages à gouverner, on puisse, pour les maintenir,
recourir à la sanction pénale. Alors ce n'est plus un châtiment moral,
c'est un exemple, rien de plus...

Tout le mal qui est dans l'humanité vient à mes yeux du manque de
culture, et la société n'est pas recevable à s'en plaindre, puisqu'elle en
est, jusqu'à un certain point, responsable.

RENAN. *L'avenir de la science.* (Calmann-Lévy, édit.)

Grandeur du suffrage universel.

Le suffrage universel dit à tous. et je ne connais pas de plus admirable formule de la paix publique : soyez tranquilles, vous êtes
souverains.

Il y a un jour dans l'année, où le gagne-pain, le journalier, où
l'homme qui traîne des fardeaux, l'homme qui casse des pierres au bord
des routes, juge les représentants. Il y a un jour dans l'année où le
plus modeste citoyen prend part à la vie immense du pays tout entier ;
un jour où le plus faible sent en lui la grandeur de la souveraineté
nationale, où le plus humble sent en lui l'âme de la patrie..... Le suffrage universel en donnant un bulletin de vote à ceux qui souffrent
leur ôte le fusil. En leur donnant la puissance, il leur donne le
calme..... Dissoudre les animosités, désarmer les haines, faire tomber
a cartouche des mains de la misère, relever l'homme injustement
abaissé, assainir l'esprit malade par le sentiment du droit librement
exercé ; montrer aux souffrances une issue vers la lumière et le bien-
être ; inspirer aux masses cette patience forte qui fait les grands
peuples : voilà l'œuvre du suffrage universel.

V. HUGO. Discours, 20 mai 1850.

Tous doivent s'intéresser aux affaires publiques.

Quel est le but de l'association entre les familles primitivement
indépendantes ? Une plus forte garantie de l'égalité et de la liberté, le
règne mieux assuré de la justice, un accroissement de bien-être par
l'organisation du travail commun, par le développement de la puissance
indéfinie de connaître et d'agir dont l'humanité contient le germe. Or,
que faut-il pour cela ? De bonnes lois. Voulez-vous donc savoir ce que
sont les lois, regardez qui les fait ; si elles sont faites par quelques-
uns, elles le seront uniquement ou presque uniquement pour leur
avantage ; si par tous, elles seront faites pour le bien de tous, selon
les principes éternels, les sympathies élevées et fécondes, les sacrés
intérêts d'où émane l'institution sociale. N'ayez donc point de repos
que tous ne coopèrent à la confection des lois par le choix de ceux qui
font les lois.

Alors vous cesserez d'être exclus de la gestion des affaires communes, d'être livrés sans aucune défense à ceux qui maintenant vous exploitent ; on ne vous chassera plus des assemblées où l'on traite de vous, où l'on délibère sur les choses d'où dépend votre existence même, comme on chasse d'une réunion d'hommes un vil animal qui s'y est introduit furtivement ; vous ne formerez plus une caste politiquement proscrite ; alors vous aurez vraiment une patrie.

LAMENNAIS.

Le citoyen doit être avant tout un homme.

Le nombre est entré sur la scène ; il n'est plus spectateur, il est acteur. Là où règne le suffrage universel, il faut une élévation universelle des caractères, des esprits et des cœurs ; autrement, il faut s'attendre à des calamités et à des ruines universelles. Il ne s'agit plus seulement d'obtenir des agriculteurs moins routiniers ou des ouvriers plus habiles ; il faut créer des citoyens et des hommes dans la plus noble acception du mot...

Chacun est citoyen au même titre. Nous avons tous les mêmes droits et par conséquent nous avons tous les mêmes devoirs. Comment connaître ces devoirs si on ne les apprend pas ? La responsabilité pèse sur tous : il faut donc que chacun sache ce qu'il doit faire pour être utile à lui-même et à son pays. Ignorant, on croit à tout, et tout parti peut s'emparer de vous. Instruit, on réfléchit, et quand on dépose son vote dans l'urne, on sait ce que l'on fait : on agit en citoyen. Autrement, on n'est qu'un troupeau destiné à être toujours conduit et finalement toujours tondu par un infaillible berger.

E. LABOULAYE. (Eugène Fasquelle, édit.)

La liberté et la loi.

Il est vrai que dans les démocraties le peuple paraît faire ce qu'il veut ; mais la liberté politique ne consiste point à faire ce que l'on veut. Dans un Etat, c'est-à-dire dans une société où il y a des lois, la liberté ne peut consister qu'à pouvoir faire ce que l'on doit vouloir, et à n'être point contraint de faire ce que l'on ne doit pas vouloir.

Il faut se mettre dans l'esprit ce que c'est que l'indépendance, et ce que c'est que la liberté. La liberté est le droit de faire tout ce que les lois permettent ; et, si un citoyen pouvait faire ce qu'elles défendent, il n'aurait plus de liberté, parce que les autres auraient tous de même ce pouvoir.

MONTESQUIEU.

La liberté individuelle est inaliénable.

Dire qu'un homme se donne gratuitement, c'est dire une chose absurde et inconcevable ; tel acte est illégitime et nul, par cela seul que celui qui le fait n'est pas dans son bon sens. Dire la même chose de tout un peuple, c'est supposer un peuple de fous : la folle ne fait pas droit.

Quand chacun pourrait s'aliéner lui-même, il ne peut aliéner ses enfants; ils naissent hommes et libres; leur liberté leur appartient : nul n'a droit d'en disposer qu'eux. Avant qu'ils soient en âge de raison, le père peut, en leur nom, stipuler des conditions pour leur conservation, pour leur bien-être, mais non les donner irrévocablement et sans condition; car un tel don est contraire aux fins de la nature, et passe les droits de la paternité. Il faudrait donc, pour qu'un gouvernement arbitraire fût légitime, qu'à chaque génération le peuple fût le maître de l'admettre ou de le rejeter : mais alors ce gouvernement ne serait plus arbitraire.

Renoncer à sa liberté, c'est renoncer à sa qualité d'homme, aux droits de l'humanité, même à ses devoirs. Il n'y a nul dédommagement possible pour quiconque renonce à tout; une telle renonciation est incompatible avec la nature de l'homme; et c'est ôter toute moralité à ses actions que d'ôter toute liberté à sa volonté.

Enfin c'est une convention vaine et contradictoire de stipuler d'une part une autorité absolue, et de l'autre une obéissance sans bornes. N'est-il pas clair qu'on n'est engagé à rien envers celui dont on a droit de tout exiger ? Et cette seule condition, sans équivalent, sans échange, n'entraîne-t-elle pas la nullité de l'acte ? Car quel droit mon esclave aurait-il contre moi, puisque tout ce qu'il a m'appartient, et que son droit étant le mien, ce droit de moi contre moi-même est un mot qui n'a aucun sens ?

J.-J. ROUSSEAU.

La liberté du travail pour l'ouvrier.

La plus sacrée et la plus inviolable de toutes les propriétés est celle de son propre travail, parce qu'elle est la source originaire de toutes les autres propriétés. Le patrimoine du pauvre est dans sa force et dans l'adresse de ses mains; et l'empêcher d'employer cette force et cette adresse de la manière qu'il juge la plus convenable, tant qu'il ne porte de dommage à personne, est une violation manifeste de cette propriété primitive. C'est une usurpation criante sur la liberté légitime, tant de l'ouvrier que de ceux qui seraient disposés à lui donner du travail; c'est empêcher à la fois, l'un de travailler à ce qu'il juge à propos, et l'autre d'employer qui bon lui semble. On peut bien, en toute sûreté, s'en fier à la prudence de celui qui occupe un ouvrier pour juger si cet ouvrier mérite l'emploi, puisqu'il y va de son propre intérêt.

ADAM SMITH.

La liberté de conscience.

« On vous parle sans cesse d'un culte dominant. Dominant? Je n'entends pas ce mot, et j'ai besoin qu'on me le définisse. Est-ce un culte oppresseur que l'on veut dire? mais vous avez banni ce mot, et des

hommes qui ont assuré le droit de liberté ne revendiqueront pas celui
d'oppression. Est-ce le culte du plus grand nombre? mais le culte est une
opinion; or les opinions ne se forment pas par le résultat des suffrages;
votre pensée est à vous, elle est indépendante, vous ne pouvez l'engager. Enfin, une opinion qui serait celle du plus grand nombre n'a
pas le droit de dominer. C'est un mot tyrannique qui doit être banni
de notre législation : car si vous l'y mettez dans un cas, vous pouvez
l'y mettre dans tous. Rien ne doit dominer que la justice; il n'y a de
dominant que le droit de chacun; tout le reste y est soumis. »

MIRABEAU.

Liberté individuelle, liberté de pensée, liberté de la presse.

La première est celle qui est destinée à assurer la sécurité du
citoyen. Il faut que le citoyen repose tranquillement dans sa demeure
et parcoure toutes les parties du territoire sans être exposé à aucun
acte arbitraire. Pourquoi les hommes se mettent-ils en société? Pour
assurer leur sécurité. Mais, quand ils se sont mis à l'abri de la violence
individuelle, s'ils restaient exposés à la violence du pouvoir destinée
à les protéger, ils auraient manqué leur but. Il faut que le citoyen soit
garanti contre la violence individuelle et contre tout acte arbitraire du
pouvoir. Ainsi, quant à cette liberté individuelle, je n'insisterai pas, et
c'est bien celle-là qui mérite le titre d'incontestable et d'indispensable.

Mais, quand le citoyen a obtenu cette sécurité, il n'a presque rien
fait encore. S'il s'endormait dans une tranquillité indolente, cette sécurité il ne la conserverait pas longtemps. Il faut, en effet, que le citoyen
veille sur la chose publique. Pour cela, il faut qu'il y pense, et il ne faut
pas qu'il y pense seul, car il n'arriverait ainsi qu'à une opinion individuelle; il faut que ses concitoyens y pensent comme lui; il faut que tous
ensemble échangent leurs idées, et arrivent ainsi à produire cette
pensée commune qu'on appelle l'opinion publique.

Or, cela n'est possible que par la presse. Il faut donc qu'elle soit
libre; mais, lorsque je dis liberté, je ne dis pas impunité. De même que
la liberté individuelle du citoyen existe à la condition qu'il n'aura pas
provoqué la vindicte des lois, la liberté de la presse est à cette condition que l'écrivain n'aura ni outragé l'honneur des citoyens, ni troublé
le repos du pays.

Ainsi, selon moi, la seconde liberté nécessaire, c'est pour les
citoyens cette liberté d'échanger leurs idées, liberté qui enfante l'opinion publique.

THIERS. Discours prononcé au Corps législatif, 1864. (Boivin et Cⁱᵉ, édit.)

Un peuple doit défendre ses libertés.

Votre premier devoir envers la patrie est donc de travailler avec un
zèle qui jamais ne se lasse, à établir dans son entière intégrité le
grand et salutaire principe de l'égalité absolue des droits, d'où émanent
toutes les libertés publiques ou privées, de combattre sans relâche le
privilège jusqu'à ce que vous l'ayez complètement vaincu.

Souffrir qu'on porte atteinte à la seule légitime souveraineté, celle du peuple, que l'on en suspende l'exercice, que la domination se substitue à l'association libre, se courber devant un maître, c'est trahir la sainte cause du droit et de l'humanité, c'est renier le nom même de patrie. L'étable où mangent et dorment les bêtes de service n'est pas une patrie.

Si, à quelque titre que ce soit, vous permettez qu'entre les membres essentiellement égaux de la communauté on crée des catégories, des classes investies de certaines prérogatives à l'exclusion du reste du peuple, vous sanctionnez la criminelle usurpation de pouvoir en vertu de laquelle on s'arroge le droit d'établir de semblables catégories, vous sacrifiez lâchement votre propre droit et celui de vos frères, vous renoncez pour eux et pour vous à la qualité d'hommes, vous vous agenouillez sur les ruines de la vraie société, aux pieds de la tyrannie.

LAMENNAIS.

CHAPITRE IX

LES NATIONS ENTRE ELLES

PREMIÈRE CAUSERIE

SOLIDARITÉ INTERNATIONALE

Définition. — La solidarité est le fait, pour les hommes, de ne former ensemble qu'un seul corps, un tout. Elle ne s'arrête donc pas à la famille, à la nation, mais s'étend à toute la société humaine.

Solidarité économique. — Un peuple ne peut se suffire. Ressources différentes dans les nations : agriculture, industrie. Donc nécessité pour les peuples d'échanger leurs richesses, de faciliter cet échange : traités de commerce, conventions postales, monétaires, chemins de fer, lignes de navigation. Leurs intérêts deviennent communs en partie ; ils prospèrent les uns par les autres.

Solidarité scientifique. — Les progrès intellectuels d'un pays, ses découvertes scientifiques ne lui restent pas particuliers et profitent à tous. Journaux et revues vont d'une nation à l'autre éveiller l'esprit : téléphone, télégraphie sans fil, aviation. Chacun protège ses inventions, ses créations littéraires ou artistiques, mais les propage à l'étranger. Congrès de savants, de médecins, où se rapprochent et s'éclairent les esprits. Les savants ont une patrie, la science n'en a pas.

Solidarité morale. — Tendance d'un peuple, comme d'un individu, à agir comme son voisin. Les violences, les injustices d'une nation se répercutent chez les autres ; de même, les efforts vers la justice et la liberté. Il y a donc intérêt à se conduire selon la raison, à jeter des semences de moralité et de bonheur. De l'intérêt à l'estime, à l'amitié, à l'affection : ententes cordiales.

Développement de la solidarité internationale. —

D'abord fermés et hostiles, les peuples se sont imposé leur civilisation par la guerre et la conquête. Le progrès, la civilisation, la facilité des communications permettent de plus en plus une pénétration pacifique.

Règle de conduite. — Se proclamer solidaire, bien qu'à des degrés différents, de la famille, de la nation, et de la société universelle du genre humain.

DEUXIÈME CAUSERIE

LA GUERRE

Définition. — La guerre est une lutte à main armée entre deux peuples qui aboutit, parfois contre toute justice, à la victoire du plus fort.

Ses causes. — Désir de s'agrandir : guerres de conquête ; de se créer des débouchés, d'accroître sa richesse : guerres économiques. Ambition d'un homme ou d'un peuple qui s'attribue toutes les perfections : mégalomanie, impérialisme. Poursuite de la gloire guerrière, comme si la vraie gloire ne résidait pas dans la modération et la bonté.

Se justifie-t-elle? — La surpopulation, chez certains peuples, engendre un état de misère qui explique certaines invasions et attaques ; mais la terre est vaste et s'offre à l'activité humaine : Etats-Unis, Amérique du Sud. La guerre exalte certaines vertus : abnégation, courage, sacrifice. Elle est nécessaire lorsqu'un peuple est attaqué dans son honneur ou sa dignité.

Ses conséquences matérielles. — Ses violences, sa cruauté. Les morts, les ruines, la vie de la nation déviée pour longtemps, vouée à réparer les maux de la guerre, ou à préparer la revanche. La paix armée, qui grève les budgets où ne peuvent trouver place les œuvres de fraternité sociale. Parfois les instincts guerriers se dérivent vers les colonies ; mais on n'impose pas la civilisation par la force, il faut la répandre pacifiquement.

Le droit des gens en temps de guerre. — Droit des gens signifie droit des nations. Essaye de tempérer les passions. Conventions de Genève, 1854, 1872 ; conventions ultérieures : la Croix-Rouge. Une déclaration de guerre exigée ; le respect des neutres et des non belligérants ; le pillage interdit ; protection des médecins, des ambulances ; soins aux blessés ; obligation de rendre les prisonniers.

La morale et la guerre. — La guerre n'est légitime que lorsqu'elle met la force au service du droit. La morale la déplore, car elle déchaîne les passions mauvaises et régressives, car elle oublie dans chaque être humain le soldat du droit et le sujet du devoir (Kant). Mais il faut d'abord vivre, et ne philosopher qu'ensuite. Nul, individu ou nation, ne peut et ne doit tolérer l'injustice et faire litière de sa dignité. La réalité fait reculer l'idéal.

Règle de conduite. — Avoir présent à la mémoire le beau mot de Curiace : « J'ai le cœur aussi bon, mais enfin je suis homme. »

TROISIÈME CAUSERIE

LES NATIONS ENTRE ELLES

Définition. — Les nations, qui sont des personnes morales, ont, dans la vie sociale universelle, des devoirs et des droits.

Droit des gens en temps de paix. — Conventions pour la protection des nationaux . ambassadeurs, ministres pléni-potentiaires, consuls, qui sont aussi les intermédiaires entre les peuples. Entente commune pour la répression des crimes de droit commun : traités d'extradition. Droit de conclure des traités de commerce, d'amitié, d'alliance.

La justice. — Respect de droits identiques à ceux des indi-vidus : droit à l'existence, droit de propriété (territoire, biens), respect de l'indépendance, respect de l'honneur. Sincérité dans les conventions et les traités, fidélité, pour que cesse la défiance. Maintenir la paix, qui n'est pas la paix à tout prix, mais la justice.

L'arbitrage. — Renoncer à la force, réaliser le droit, voilà le but. L'arbitrage, idéal juridique : remettre à des tribunaux internationaux le soin de trancher pacifiquement les différends entre peuples. Initiative du czar, 1898 : conférences de La Haye. Mais rien n'assure encore l'application des décisions de la cour de La Haye, sinon la bonne foi.

La fraternité. — Hospitalité large, toutes les nations ou-vertes, l'accueil fraternel. Garder le souvenir des services rendus, se protéger et s'aider mutuellement : mesures contre les épidé-mies et les fléaux, compassion et secours dans les calamités et les catastrophes. Défense des faibles. Travailler en commun au progrès de la civilisation et des idées morales.

L'humanité. — La nature a fait les hommes semblables. Un même soleil éclaire des êtres conformés de la même manière, qui ont mêmes besoins, mêmes désirs. La solidarité les mêle ; la morale leur impose des devoirs identiques. On peut donc concevoir une Cité humaine, avec cette réserve formelle que : la famille, la patrie, l'humanité se subordonnent, mais ne s'annihilent pas. La justice doit régler leurs rapports, chacun sacrifiant même une portion de son droit. Aimer, compatir, soulager. Rien d'exclusif. Le progrès dans la moralité.

Règle de conduite. — Ne pas agir contre, mais avec les autres nations, pour l'humanité.

———

LECTURES

Les nations sont solidaires.

Les nations sont cohéritières ; elles sont les organes d'un même corps. Oui, c'est ici le solennel progrès de la science du Devoir ; toute la science, en effet, est vraiment dans cette loi, qui définit le rapport nécessaire, universel, résultant de la nature de l'homme et de la société : nous sommes les organes d'un même corps. On le sait pour la famille et peut-être pour la patrie, mais on ne le croit pas de peuple à peuple, et la violation de la loi en ce point viole la loi tout entière.

« Tout ce que vous voulez que les hommes fassent pour vous faites-le pour eux ; » c'est la loi d'homme à homme, mais c'est aussi la loi de peuple à peuple.

Le monde ne peut pas faire un pas de plus..... tant qu'il n'y aura pas dans l'esprit public, un programme de justice compris de tous, fondé sur ce principe : les nations sont cohéritières, solidaires et concorporelles.

A. GRATRY. (P. Téqui, édit.)

La guerre illogique.

Pourquoi me tuez-vous ? Eh quoi ! ne demeurez-vous pas de l'autre côté de l'eau ? Mon ami, si vous demeuriez de ce côté, je serais un assassin, et cela serait injuste de vous tuer de la sorte ; mais puisque vous demeurez de l'autre côté, je suis un brave et cela est juste.

PASCAL.

Inefficacité des guerres économiques.

Les guerres offensives sont inefficaces et ne fondent au profit du vainqueur qu'une prospérité et une gloire passagères. Tout ce qui a été fondé par l'épée périra par l'épée.....

— « Aujourd'hui, dit-on, ce ne sera plus l'amour de la domination ni les discussions religieuses qui pousseront les peuples à la guerre, mais les intérêts du commerce ; ils se disputeront les marchés, et la guerre sortira d'une source nouvelle, malgré les cris toujours inutiles des philosophes ».

David Hume, qu'on ne peut trop citer et dont on ne saurait assez louer les lumières et le bon sens, avait déjà démontré qu'une nation ne peut vendre avec avantage ses productions, que si les autres pays sont en état de lui donner en échange des marchandises d'égale valeur, c'est-à-dire si ces pays sont eux-mêmes commerçants, fabricants, producteurs.

Lorsqu'une nation vend ses productions à des nations pauvres, sans industrie, sans commerce, qu'arrive-t-il? il enrichit ces nations ; il les constitue ses débitrices, mais il ne peut constituer par là sa propre richesse.....

Si les peuples reconnaissaient que la prospérité de chacun est intéressée à la prospérité des autres, ils ne se feraient plus la guerre pour se nuire mutuellement.

Adolphe Garnier. (Hachette et Cⁱᵉ, édit.)

La guerre ne prouve pas que les hommes sont raisonnables.

Si vous voyez deux chiens qui s'aboient, qui s'affrontent, qui se mordent et se déchirent, vous dites : « Voilà de sots animaux », et vous prenez un bâton pour les séparer. Que si l'on vous disait que tous les chats d'un grand pays se sont assemblés par milliers dans une plaine, et qu'après avoir miaulé tout leur soûl, ils se sont jetés avec fureur les uns sur les autres et ont joué ensemble de la dent et de la griffe ; que de cette mêlée il est demeuré de part et d'autre neuf à dix mille chats sur la place, qui ont infecté l'air à dix lieues de là par leur puanteur, ne diriez-vous pas: « Voilà le plus abominable sabbat dont on ait jamais ouï parler ? » Et si les loups en faisaient de même, quels hurlements! quelle boucherie! Et, si les uns ou les autres vous disaient qu'ils aiment la gloire, concluriez-vous de ce discours qu'ils la mettent à se trouver à ce beau rendez-vous, à détruire ainsi et à anéantir leur propre espèce? ou, après l'avoir conclu, ne ririez-vous pas de tout votre cœur de l'ingénuité de ces pauvres bêtes ? Vous avez déjà, en animaux raisonnables, et pour vous distinguer de ceux qui ne se servent que de leurs dents et de leurs ongles, imaginé les lances, les piques, les dards, les sabres et les cimeterres; et, à mon gré, fort judicieusement: car, avec vos seules mains, que pouviez-vous vous faire les uns aux autres que vous arracher les cheveux, vous égratigner au visage, ou tout au plus vous arracher les yeux de la tête ? au lieu que vous voilà munis d'instruments commodes, qui vous servent à vous faire réciproquement de larges plaies, d'où peut couler votre sang, jusqu'à la dernière goutte, sans que vous puissiez craindre d'en échapper. Mais, comme vous devenez d'année à autre plus raisonnables, vous avez bien enchéri sur cette vieille manière de vous exterminer: vous avez de petits globes qui vous tuent tout d'un coup, s'ils peuvent seulement vous atteindre à la tête ou à la poitrine; vous en avez d'autres plus pesants et plus massifs qui vous coupent en deux parts ou qui vous éventrent, sans compter ceux, qui tombant sur vos toits, enfoncent les planchers, vont du grenier à la cave, en enlèvent les voûtes, et font sauter en l'air, avec vos femmes, l'enfant et la nourrice; et c'est là où gît la gloire; elle aime le remue-ménage, et elle est personne d'un grand fracas.

La Bruyère.

Une guerre doit être juste et nécessaire.

Quelle fureur aveugle pousse les malheureux mortels! ils ont si peu de jours à vivre sur la terre! ces jours sont si misérables! pourquoi précipiter une mort déjà si prochaine? Les hommes sont tous frères, et ils s'entredéchirent: les bêtes farouches sont moins cruelles qu'eux. Les lions ne font point la guerre aux lions, ni les tigres aux tigres; ils n'attaquent que les animaux d'espèce différente; l'homme seul, malgré sa raison, fait ce que les animaux sans raison ne firent jamais.

Mais, encore, pourquoi ces guerres? N'y a-t-il pas assez de terre dans l'univers pour en donner à tous les hommes plus qu'ils n'en peuvent cultiver? Combien y a-t-il de terres désertes! le genre humain ne saurait les remplir. Quoi donc? une fausse gloire, un vain titre de conquérant qu'un prince veut acquérir, allume la guerre dans des pays immenses! Ainsi un seul homme sacrifie brutalement tant d'autres hommes à sa vanité: il faut que tout périsse, que tout nage dans le sang, que tout soit dévoré par les flammes, que ce qui échappe au fer et au feu ne puisse échapper à la faim, encore plus cruelle, afin qu'un seul homme, qui se joue de la nature humaine entière, trouve dans cette destruction générale son plaisir et sa gloire! Quelle gloire monstrueuse! Peut-on trop abhorrer et trop mépriser des hommes qui ont tellement oublié l'humanité? Non, non, ces hommes doivent être en exécration à tous les siècles, dont ils ont cru être admirés.

Oh! que les rois doivent prendre garde aux guerres qu'ils entreprennent! Elles doivent être justes; ce n'est pas assez: il faut qu'elles soient nécessaires pour le bien public. Le sang d'un peuple ne doit être versé que pour sauver ce peuple dans les besoins extrêmes. Mais les conseils flatteurs, les fausses idées de la gloire, les vaines jalousies, l'injuste avidité qui se couvre de beaux prétextes, enfin les engagements insensibles entraînent presque toujours les rois dans des guerres où ils se rendent malheureux, où ils hasardent tout sans nécessité.

Fénelon.

La morale et la guerre.

Une maigre attention est accordée à la femmelette ou au couard qui babille de paix ; mais une due attention est accordée à l'homme fort qui, avec l'épée ceinte sur la cuisse, prêche la paix, non par d'ignobles motifs, mais par un sens profond de l'obligation morale.

ROOSEVELT. Cité par le journal *Le Temps*, 1897.

La paix armée.

Une maladie nouvelle s'est répandue en Europe ; elle a saisi nos princes, et leur fait entretenir un nombre désordonné de troupes. Elle a ses redoublements et devient nécessairement contagieuse : car sitôt qu'un Etat augmente ce qu'il appelle ses troupes, les autres soudain augmentent les leurs ; de façon qu'on ne gagne rien par là que la ruine commune. Chaque monarque tient sur pied toutes les armées qu'il pourrait avoir si ces peuples étaient en danger d'être exterminés ; et on nomme paix cet état d'effort de tous contre tous. Aussi l'Europe est-elle si ruinée que les particuliers qui seraient dans la situation où sont les trois puissances de cette partie du monde les plus opulentes, n'auraient pas de quoi vivre. Nous sommes pauvres avec les richesses et le commerce de tout l'univers ; et bientôt à force d'avoir des soldats, nous n'aurons plus que des soldats, et nous serons comme des Tartares... La suite d'une telle situation est l'augmentation perpétuelle des tributs (impôts) ; et, ce qui prévient tous les remèdes à venir, on ne compte plus sur les revenus, mais on fait la guerre avec son capital.

MONTESQUIEU.

Avantages de la paix.

Si l'on supprime la guerre, la propriété et la richesse se tournant vers la main de l'agriculture et de l'industrie, les familles se multiplient, les mœurs s'épurent, les arts et les sciences ne sont plus troublés par le fracas des armes ; ils se répandent sans barrière d'un peuple à l'autre....

Avec la paix, les gouvernements sont mieux modérés, les besoins des peuples mieux écoutés, un plus grand nombre de classes de citoyens prennent part à l'administration des affaires, la liberté et l'égalité sont plus respectées, les mœurs s'adoucissent, enfin, les relations entre les peuples s'améliorent : la jalousie, l'orgueil, l'ambition, la haine font place à l'estime, à la bienveillance, à l'échange des services, à la communauté des sentiments.

Ainsi toute la morale sociale est intéressée dans le problème de la guerre ; au contraire, les combats rendent très difficiles à remplir les devoirs qu'elle impose à l'Etat et aux citoyens, devoirs qui consistent à satisfaire chez le plus grand nombre possible de nos semblables le besoin du bien-être matériel et les inclinations du cœur et de l'esprit.

A. GARNIER. (Hachette et Cⁱᵉ, édit.)

Les guerres doivent finir.

Les peuples plus éclairés apprendront peu à peu à regarder la guerre comme le fléau le plus funeste, comme le plus grand des crimes. On verra d'abord disparaître celles où les usurpateurs de la souveraineté des nations les entraînaient pour de prétendus droits héréditaires. Les peuples sauront qu'ils ne peuvent devenir conquérants sans perdre leur liberté, que des confédérations perpétuelles sont le seul moyen de maintenir leur indépendance, qu'ils doivent chercher la sûreté, et non la puissance. Les préjugés commerciaux se dissiperont; un faux intérêt mercantile perdra l'affreux pouvoir d'ensanglanter la terre et de ruiner les nations sous prétexte de les enrichir. Comme les peuples se rapprocheront enfin dans les principes de la politique et de la morale, les haines nationales s'évanouiront peu à peu; elles ne fourniront plus à la fureur belliqueuse ni aliment ni prétexte. Des institutions mieux combinées accéléreront les progrès de cette confraternité universelle; et les guerres, comme les assassinats, seront au nombre de ces atrocités extraordinaires qui humilient et révoltent la nature, qui impriment un long opprobre sur le pays, sur le siècle dont les annales en ont été souillées.

CONDORCET. *Esquisse du progrès de l'esprit humain.*

Droits et devoirs d'une nation.

Une nation est une personne morale. Comme telle, elle a des devoirs et elle a des droits.

Ces droits et ces devoirs résultent des rapports qui unissent les nations entre elles. La partie de la morale qui les constate et les détermine s'appelle le droit des gens (le mot gens est pris ici dans une acception spéciale; c'est le mot latin *gens*, qui veut dire : nation).

Une nation a ses intérêts légitimes, matériels et moraux, qu'elle a le droit et le devoir de sauvegarder et de développer. Les intérêts matériels sont ceux du commerce, de l'agriculture, de l'industrie; les intérêts moraux sont ceux qui se rattachent à l'influence qu'une nation bien gouvernée ne peut manquer d'exercer par son exemple, et au besoin par ses conseils.

Une nation a de plus une sorte de propriété collective qui est son territoire, auquel il convient d'ajouter cette portion du capital qu'elle immobilise pour sa sécurité et sa défense : ports militaires, forteresses, arsenaux, vaisseaux de guerre, etc. Son droit et son devoir est de maintenir intacte cette propriété, qui n'est pas moins nécessaire à son existence que la propriété privée ne l'est à celle du citoyen.

Enfin, comme toute personne morale, une nation a son honneur, sa dignité, et il est de son droit comme de son devoir de n'y laisser porter aucune atteinte.

CARRAU. *De l'éducation.* (Alcide Picard, édit

Le patriotisme et l'humanité.

Permettez-moi de déclarer tout d'abord que je ne suis pas pour un cosmopolitisme irréfléchi. Selon moi, il faut être un bon patriote avant de pouvoir être, et c'est la seule chance qu'on ait d'être, bon citoyen du monde. L'expérience nous enseigne que, d'ordinaire, l'homme qui proteste que ses sentiments internationaux étouffent ses sentiments nationaux, qui ne peut se soucier de son pays parce qu'il se soucie tellement de l'humanité, se trouve, quand on vient aux faits, nuisible à l'humanité ; que l'homme qui assure ne pouvoir être citoyen d'aucun pays en particulier parce qu'il est citoyen du monde, se trouve être un extrèmement peu désirable citoyen, quel que soit le coin du monde où il lui arrive d'exister. Dans l'obscur avenir, l'idéal moral et les besoins moraux peuvent changer ; mais pour ce qui est de maintenant, il est peu sage de mettre sa confiance dans l'individu capable de considérer, avec la même tiédeur indifférente, son pays et tous les autres pays..... Si larges et profondes que puissent être les sympathies, si intense que puisse être l'activité d'un homme, il n'a pas à craindre que son amour pour sa propre patrie puisse jamais les atrophier.

Ce qui ne veut pas dire assurément qu'il ne faille pas chercher à faire le bien en dehors de son propre pays. Tout au contraire, de même que, dans ma pensée, l'homme qui aime sa famille sera plus volontiers un bon voisin que celui qui ne l'aime pas ; de même j'estime que le membre le plus utile de la famille des nations est, normalement, la nation au patriotisme ardent. Loin que le patriotisme s'accorde mal avec le respect dû aux droits des autres pays, je tiens que le vrai patriote, jaloux de l'honneur national comme un homme de cœur l'est de son propre honneur, veillera à ce que sa patrie n'inflige ni ne souffre aucun tort, tout comme l'homme de cœur est aussi éloigné de faire tort à autrui que de tolérer qu'autrui lui fasse tort. Je ne saurais jamais admettre que la morale politique diffère de la morale privée... Jamais je ne saurais admettre qu'une nation puisse traiter d'autres nations de manière différente de celle dont un honnête homme traite d'autres hommes.

TH. ROOSEVELT. *Le citoyen d'une République, conférence faite à la Sorbonne, le 23 avril 1910.* (Hachette et Cⁱᵉ, édit.)

Devoirs généraux des nations entre elles.

Chaque peuple doit aux autres peuples justice et charité ; il doit respecter leurs droits et au besoin leur porter secours, soit pour les défendre si on les attaque, soit pour les reconquérir s'ils ont été dépouillés. Leurs destinées sont solidaires. Le peuple qui souffre près de soi l'oppression d'un autre peuple creuse la fosse où s'ensevelira sa propre liberté.

Employez donc tous vos efforts pour unir toujours plus les nations entre elles, pour détruire peu à peu les préjugés qui maintiennent leur séparation. Chacune d'elles, suivant son génie, le lieu, le climat qu'elle habite, a sa fonction particulière, pour le perfectionnement progressif de l'humanité.

Loin de lui créer des entraves, toutes la doivent seconder, car elles travaillent pour toutes en travaillant pour soi.

LAMENNAIS.

La justice et la paix : l'avenir de l'arbitrage.

La loi internationale est quelque chose de bien différent des lois privées ou des lois nationales, et la principale différence est qu'il existe une sanction pour ces dernières et non pour l'autre ; qu'il y a une force extérieure pour contraindre les individus à obéir à celles-là et qu'il n'en est point pour celle-ci. La loi internationale, tandis que les générations se succèderont les unes aux autres, deviendra, j'en suis convaincu, de plus en plus puissante; jusqu'au moment où, de façon ou d'autre, se constituera la force qui en assurera le respect. Mais cette loi n'est encore qu'en première période de formation. Quant à présent, d'ordinaire, chaque nation est bien obligée de décider pour son propre compte, dans les questions d'importance vitale, entre elle-même et ses voisins ; et les actes à accomplir diffèrent forcément de ce qu'ils seraient si, comme lorsqu'il s'agit de simples citoyens, il existait une force extérieure toute puissante à laquelle il devrait être fait appel. C'est le devoir des hommes d'Etat, doués de sagesse et de prévoyance, de s'appliquer à seconder tout mouvement qui substituera ou tendra à substituer quelque autre moyen que la force pour régler les questions internationales. C'est le devoir de tout homme d'Etat honnête de guider la nation de telle manière qu'elle ne cause nul tort à aucune autre nation. Mais, pour le moment, les grands peuples civilisés, s'ils veulent demeurer fidèles à eux-mêmes et à la cause de l'humanité et de la civilisation, ne sauraient oublier qu'ils doivent, en dernière analyse, garder le vouloir et la force de résister aux torts qu'autrui voudrait leur causer. Les hommes de saine croyance en une haute morale prêchent la droiture, ils ne prêchent pas la faiblesse, pas plus aux simples citoyens qu'aux nations. Nous sommes convaincus que notre idéal doit être élevé, non pas tellement toutefois qu'il soit impossible de le réaliser en quelque mesure. Nous croyons sincèrement et ardemment en la paix; mais si la paix et la justice se trouvent en conflit, nous méprisons l'homme qui ne prendrait pas le parti de la justice, quand bien même le monde entier se dresserait en armes contre lui.

TH. ROOSEVELT. Conférence à la Sorbonne, le 23 avril 1910.
(Hachette et Cⁱᵉ, édit.)

La patrie dans l'humanité.

Les patries doivent se considérer comme des œuvres de l'humanité, laquelle est en chacune d'elles, avec sa diversité naturelle, car la nature veut que l'humanité soit diverse. Elle ne permettra jamais que tous les fils des hommes se ressemblent; heureusement, car cette ressemblance serait une insupportable laideur. La nature est une harmonie, et l'humanité en est une aussi. Chacune des patries que l'humanité a créées sur des terres, sous des cieux différents, dans des circonstances diverses, a ses habitudes propres, son caractère, son génie. Chacune concourt à la beauté de l'ensemble. Servir sa patrie, c'est servir l'humanité au poste où la naissance nous a mis.

Si c'est ainsi que vous comprenez la patrie, vous respecterez les patries des autres. Vous ne voudrez pas qu'on leur fasse ce que vous ne voudriez pas que l'on vous fît à vous-mêmes. En vous achèvera de mourir l'esprit de domination, de violence et de haine. Il n'est pas nécessaire de haïr l'étranger et de le vouloir subjuguer pour aimer sa patrie.

Votre patrie, vous l'aimerez autrement, mais tout autant et même plus qu'en leurs siècles ne l'aimèrent les ancêtres. Vous l'aimerez d'instinct et vous l'aimerez aussi par raisonnement.......

L'humanité, cela n'existe pas encore. C'est une grande et belle idée, ce n'est pas un être. Il faut bien que vous ayez un lieu déterminé pour agir, et je vous défie de servir l'humanité autrement que par le moyen d'une patrie.

ERNEST LAVISSE. *Discours à des enfants.* (Armand Colin, édit.)

La perfection pour l'homme.

Ici, je veux seulement dire en peu de mots ce que j'entends par le vrai bien, et quel est le souverain bien. Or, pour s'en former une juste idée, il faut remarquer que le bien et le mal ne se disent que d'une façon relative, en sorte qu'un seul et même objet peut être appelé bon ou mauvais, selon qu'on le considère sous tel ou tel rapport; et de même pour la perfection et l'imperfection. Nulle chose, considérée en elle-même, ne peut être dite parfaite ou imparfaite, et c'est ce que nous comprendrons surtout quand nous saurons que tout ce qui arrive, arrive selon l'ordre éternel et les lois fixes de la nature. Mais l'humaine faiblesse ne saurait atteindre par la pensée à cet ordre éternel; l'homme conçoit une nature humaine de beaucoup supérieure à la sienne, où rien, à ce qui lui semble, ne l'empêche de s'élever; il recherche tous les moyens qui peuvent le conduire à cette perfection nouvelle; tout ce qui lui semble un moyen d'y parvenir, il l'appelle le vrai bien; et ce qui serait le souverain bien, ce serait d'entrer en possession, avec d'autres êtres s'il était possible, de cette nature supérieure. Or, quelle est cette nature? Nous montrerons, quand il en sera temps, que ce qui la constitue c'est la connaissance de l'union de l'âme humaine avec la nature tout entière. Voilà donc la fin à laquelle je dois tendre : acquérir cette nature humaine supérieure et faire tous mes efforts pour que beaucoup d'autres l'acquièrent avec moi; en d'autres termes, il importe à mon bonheur que beaucoup d'autres s'élèvent aux mêmes pensées que moi, afin que leur entendement et leurs désirs soient en accord avec les miens; pour cela il suffit de deux choses; d'abord de comprendre la nature universelle autant qu'il est nécessaire pour acquérir cette nature humaine supérieure; ensuite, d'établir une société telle que le plus grand nombre puisse parvenir facilement et sûrement à ce degré de perfection.

SPINOZA. *Réforme de l'entendement*, I-II, trad. Saisset.
(Eugène Fasquelle, édit.)

CHAPITRE X

PROBLÈMES DE MORALE CONCERNANT L'ÉCOLE

[Ces problèmes peuvent servir de sujets de devoirs ou d'interrogations écrites; il serait préférable qu'ils fussent traités en classe, chacun émettant ses idées que le professeur approuvera ou critiquera, de façon à donner une direction à l'esprit et à la conduite.]

LA MORALE A L'ÉCOLE

1. Les petits services entre camarades.
2. Être bon joueur, ne pas tricher.
3. L'attitude vis-à-vis des nouveaux.
4. La raillerie, la taquinerie, les farces.
5. La protection des faibles, l'apaisement des querelles.
6. Le droit du plus fort.
7. L'élève brutal qui déclare : On m'en a fait autant, je le rends.
8. Ne pas dire à un élève provoqué : Tu dois te battre.
9. Résister à l'opinion qui accable un camarade.
10. Peut-on dire : Ça ne te regarde pas, ce n'est pas ton affaire ?
11. Doit-on dénoncer un camarade qui en a fait punir d'autres ?
12. Les rapporteurs en classe.
13. Que pensez-vous de celui qui glisse un timbre faux dans des timbres échangés ?
14. Les objets prêtés qu'on oublie de rendre, les objets « chipés ».
15. Peut-on, pour se disculper, invoquer le témoignage d'un condisciple porté à mentir ?
16. La falsification des notes du livret.
17. La falsification de la signature des parents.
18. Comment jugez-vous le farceur de la classe ?
19. Les meneurs.
20. Les lâches qui fuient la responsabilité encourue.

21. Ne lancez pas de projectiles.
22. N'affectez pas une allure débraillée.
23. Le mépris pour le travail manuel.
24. Le dédain des exercices physiques.
25. Affectation d'indifférence pour les punitions.
26. Le fanfaron de paresse.
27. Ne pas souffler la leçon.
28. Devoir prêté, devoir copié.
29. Se servir de notes pour obtenir une bonne place en composition.
30. Quand le professeur peut-il dire : C'est une mauvaise classe ?
31. Les recommandations, le « piston ».
32. Ne pas essayer de tromper le maître.
33. « Qu'est-ce que j'ai fait ? Je n'ai rien fait. C'est une injustice. »
34. « Le maître m'en veut ! »
35. Notre maître est-il notre ennemi ?
36. Il faut saluer tous les maîtres.
37. La discipline volontaire.
38. Dissimuler la vérité est plus grave que de commettre vingt fautes.
39. Sentir qu'on est un privilégié; aider les moins heureux.
40. Le respect du mobilier et des locaux scolaires.
41. Ne pas gaspiller le pain.
42. Rester uni à l'école par le moyen de l'Association des anciens élèves.
43. La tenue en dehors de l'école.
44. Soutenir le renom et l'honneur de l'école.

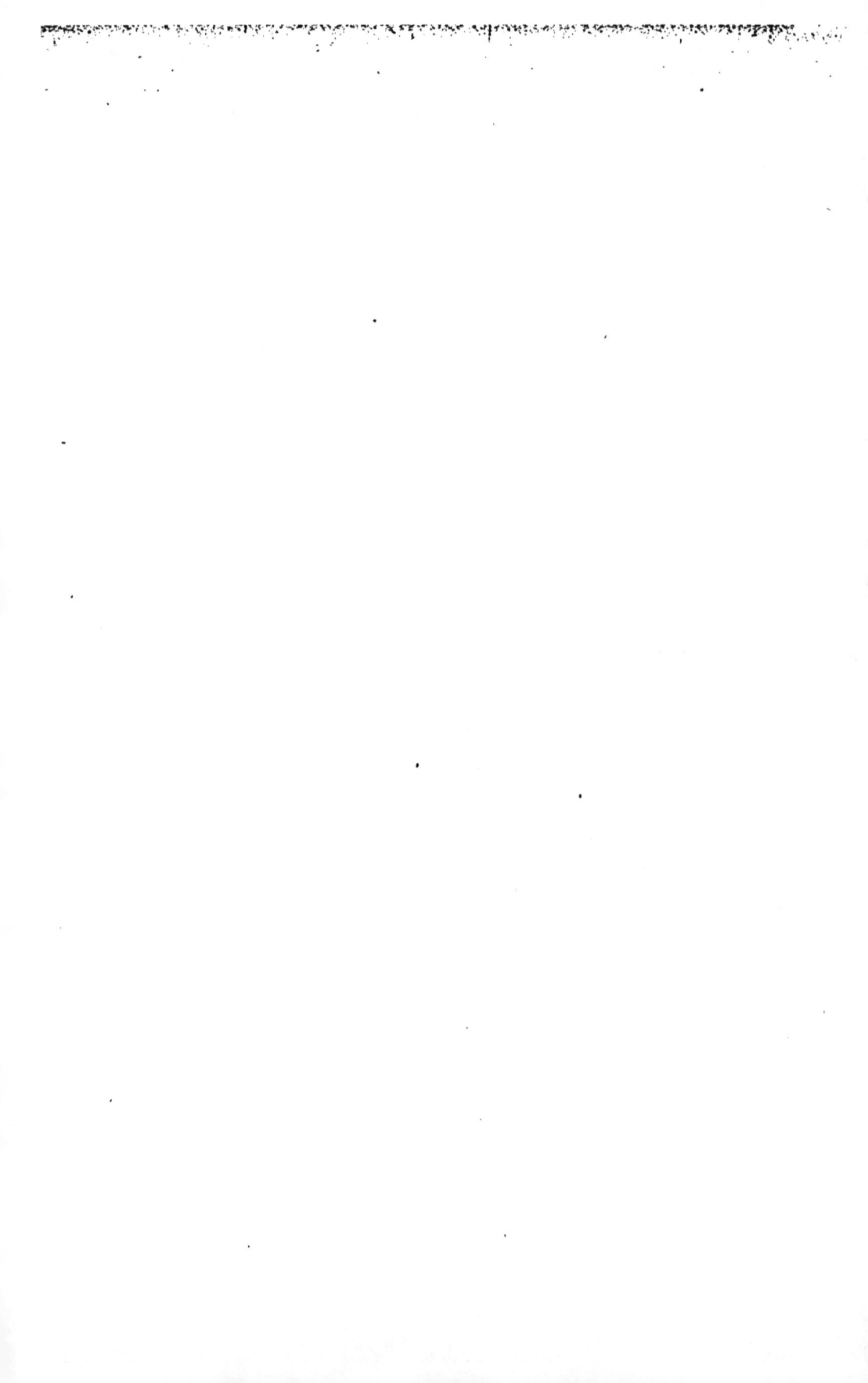

TABLE DES MATIÈRES

I. — Pouvoir de l'homme sur lui-même.

CAUSERIES

LECTURES

II. — Les différents Types d'homme.

CAUSERIES

LECTURES

III. — La Société.

CAUSERIES

LECTURES

IV. — La Justice Sociale.

CAUSERIES

LECTURES

V. — La Fraternité Sociale.

CAUSERIES

LECTURES

VI. — La Famille.

CAUSERIES

LECTURES

VII. — La Nation et la Patrie.

VIII. — L'État et ses lois.

IX. — Les Nations entre elles.

CAUSERIES

LECTURES

Paris. — Imprimerie LAHURE, 9, rue de Fleurus.

LIBRAIRIE HACHETTE & Cⁱᵉ, PARIS

Langue et Littérature Françaises

COLLECTION DE CLASSIQUES FRANÇAIS

Format petit in-16, cartonné

PUBLIÉS AVEC DES NOTICES BIBLIOGRAPHIQUES ET LITTÉRAIRES ET DES NOTES

PAR MM. BRUNETIÈRE, PETIT DE JULLEVILLE, LANSON, GASTON PARIS, REBELLIAU, JULLIAN, ETC.

BOILEAU : ŒUVRES POÉTIQUES (Brunetière) 1 50
POÉSIES ET EXTRAITS DES ŒUVRES EN PROSE .... 2 »
BOSSUET : DE LA CONNAISSANCE DE DIEU (de Lens) .. 1 60
SERMONS CHOISIS (Rébelliau) 3 »
ORAISONS FUNÈBRES (Rébelliau) 2 50
BUFFON : MORCEAUX CHOISIS (Nollet) ... 1 50
DISCOURS SUR LE STYLE (Nollet) .... » 75
CHANSON DE ROLAND : EXTRAITS (G. Paris) 1 50
CHATEAUBRIAND : EXTRAITS (Brunetière) 1 50
CHEFS-D'ŒUVRE POÉTIQUES XVIᵉ SIÈCLE (Lemercier). 2 50
CHOIX DE LETTRES, XVIIᵉ SIÈCLE (Lanson) 2 50
CHOIX DE LETTRES, XVIIIᵉ SIÈCLE (Lanson) 2 50
CHRESTOMATHIE DU MOYEN AGE (G. Paris et E. Langlois). 3 »
CORNEILLE : THÉÂTRE CHOISI (Petit de Julleville) .... 3 »
Chaque pièce séparément.. 1 »
SCÈNES CHOISIES (Petit de Julleville) .... 1 »
DESCARTES : PRINCIPES DE LA PHILOS. 1ʳᵉ p. (Charpentier). 1 50
DIDEROT : EXTRAITS (Texte) 2 »
EXTRAITS DES CHRONIQUEURS (G. Paris et Jeanroy) 2 50
EXTRAITS DES HISTORIENS, XIXᵉ SIÈCLE (C. Jullian). 3 50
EXTRAITS DES MORALISTES (Thamin) 2 50
FÉNELON : FABLES (Régnier). » 75
LETTRE A L'ACADÉMIE (Cahen) 1 50
TÉLÉMAQUE (A. Chassang). 1 80
FLORIAN : FABLES (Géruzez) » 75
JOINVILLE : HISTOIRE DE SAINT LOUIS (Natalis de Wailly).. 2 »
LA BRUYÈRE CARACTÈRES (Servois et Rebelliau) 2 50

LA FONTAINE : FABLES (Géruzez et Thirion) 1 60
LAMARTINE : MORCEAUX CHOISIS .... 2 »
LECTURES MORALES (Thamin et Lapie) 2 50
MOLIÈRE : THÉÂTRE CHOISI (E. Thirion) .... 3 »
Chaque pièce séparément.. 1 »
SCÈNES CHOISIES (E. Thirion) 1 50
MONTAIGNE : PRINCIPAUX CHAPITRES ET EXTRAITS (Jeanroy) 2 50
MONTESQUIEU : GRANDEUR ET DÉCAD. D. ROMAINS (Jullian) 1 30
EXTRAITS DE L'ESPRIT DES LOIS ET ŒUVRES DIV. (Jullian).. 2 »
PASCAL PENSÉES ET OPUSCULES (Brunschwicg) 3 50
PROVINCIALES, I, IV. XIII (Brunetière) 1 80
PROSATEURS DU XVIᵉ SIÈCLE (Huguet) 2 50
RACINE : THÉÂTRE CHOISI (Lanson) .... 3 »
Chaque pièce séparément.. 1 »
RÉCITS DU MOYEN AGE (G. Paris) 1 50
ROUSSEAU : EXTRAITS EN PROSE (Brunel) .... 2 »
LETTRE D'ALEMBERT SUR LES SPECTACLES (Brunel) 1 50
SCÈNES, RÉCITS ET PORTRAITS DES XVIIᵉ et XVIIIᵉ SIÈCLES (Brunel) .... 2 »
SÉVIGNÉ : LETTRES CHOISIES (Ad. Régnier) 1 80
THÉÂTRE CLASSIQUE (Ad. Régnier) .... 3 »
VOLTAIRE : EXTRAITS EN PROSE (Brunel) .... 2 »
CHOIX DE LETTRES (Brunel). 2 25
SIÈCLE DE LOUIS XIV (Bourgeois) 2 75
CHARLES XII (A. Waddington) .... 2 »

Enseignement prim. supr (cour. agrandi). 9-1912-30.000.   B

www.ingramcontent.com/pod-product-compliance
Lightning Source LLC
Chambersburg PA
CBHW072109090426
42739CB00012B/2892